自治体職員の
働く権利 Q&A

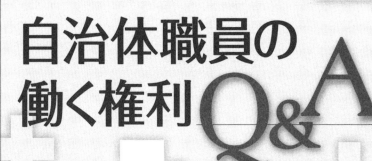

中尾 誠・渥美雅康・城塚健之
——編集代表
自治労連全国弁護団
——編

日本評論社

はじめに

　近年、自治体職員の賃金・労働条件に対する攻撃や、その労働組合を軽視・否定する動きが強まっているように思います。それは、民間労働者の賃金・労働条件が年々低下し、相対的に高い権利を勝ち取ってきた自治体労働者が羨望の的になっているからですが、こうした現象が進めば、官民ともに競い合って賃金労働条件を低下させていくことになりかねません。

　このような状況の中、私たち自治労連全国弁護団は、『自治体職員の働く権利Q＆A』を出版することになりました。

　自治労連全国弁護団は、自治体労働者・労働組合の全国組織の一つである日本自治体労働組合総連合（自治労連）の顧問弁護団であり、1994（平成6）年に結成されて以来、各地でおこっている自治体労働者・労働組合に対する攻撃に対しての法的検討や裁判をはじめとするさまざまな対応を行ってきました。

　今回の出版にあたっては、編集委員会を立ち上げて、これまで弁護団として蓄積してきた実例をはじめ、広く自治体職場で現実におこっている問題、また、今後おこりそうな問題にまで射程距離を広げて、検討を進めてきました。

　本書は、自治体に働く労働者のなかでも、とりわけ地公法が全面適用される非現業一般職の職員とその職員団体の権利を中心とした編集になっています。自治体職場では、法適用の異なるさまざまな労働者が働いていますが、自治体における労使関係の中心となる権利関係がその点であり、多くの自治体職場では、その権利関係が他の身分の労働者にも準じて適用されることが多いからです。

　他に、この間、関心も高く独自の論点もある、「仕事と生活の両立支援」と「臨時・非常勤職員」についても項立てをしました。

　本書の執筆には、全国の45名の弁護団員が関わり、文字通り、自治労連全国弁護団が総力をあげて作成したものと自負しています。

自治体業務の担い手である自治体職員の権利が守られること、健全な、また、緊張感のある労使関係が維持されることは、単に、自治体職員にとってのみ意味のあることではなく、自治体当局にとっても、ひいては、住民の皆さんにとっても意味のあることと考えます。

　本書が、労働組合への加入の有無を問わず、広く自治体に働く労働者の皆さん、あるいは自治体の管理職の方にもお読みいただき、職員としての権利保障、あるいはよりよい労使関係のあり方を考える上で資するものであればと願っています。

　　　2016年4月

　　　　　　　　　　　　　　　　　　　　　自治労連全国弁護団
　　　　　　　　　　　　　　　　　　　　　代表　弁護士　中尾　誠

執筆者一覧
（○は編集委員）

中島　哲（北海道合同法律事務所）
今　重一（今法律事務所）
佐々木良博（もりおか法律事務所）
赤石あゆ子（あおば法律事務所）
野本夏生（埼玉総合法律事務所）
小林幸也（弁護士法人房総法律）
小部正治（東京法律事務所）
平　和元（三多摩法律事務所）
尾林芳匡（八王子合同法律事務所）
後藤　寛（東京東部法律事務所）
萩尾健太（渋谷共同法律事務所）
○笹山尚人（東京法律事務所）
○山口真美（三多摩法律事務所）
三澤麻衣子（第一法律事務所）
堤　浩一郎（横浜みなみ法律事務所）
太田啓子（湘南合同法律事務所）
川口彩子（川崎合同法律事務所）
田渕大輔（横浜合同法律事務所）
穂積匡史（武蔵小杉合同法律事務所）
○小花和史（横浜みなみ法律事務所）
萩原繁之（みどり合同法律事務所）
○渥美雅康（金山総合法律事務所）
福井悦子（名古屋第一法律事務所）
樽井直樹（名古屋法律事務所）
田巻紘子（名古屋南部法律事務所）
玉木昌美（滋賀第一法律事務所）
○中尾　誠（京都南部法律事務所）
○福山和人（京都法律事務所）
大河原壽貴（京都第一法律事務所）
毛利　崇（京都南部法律事務所）
吉本晴樹（まいづる法律事務所）
谷　智恵子（大阪法律事務所）
○城塚健之（大阪法律事務所）
河村　学（関西合同法律事務所）
増田　尚（きづがわ共同法律事務所）
中西　基（北大阪総合法律事務所）
井上耕史（堺総合法律事務所）
○谷　真介（北大阪総合法律事務所）
高橋敬幸（高橋敬幸法律事務所）
光谷香朱子（岡崎法律事務所）
佐藤真奈美（広島法律事務所）
谷脇和仁（高知法律事務所）
前田憲徳（北九州第一法律事務所）
光永亨央（光永法律事務所）
加藤　裕（沖縄合同法律事務所）

はじめに i
執筆者一覧 iii
自治体職員の法適用について 1

第1部 任用制度

Q1 （任用）任用とはどのような概念ですか。労働契約とはどう違うのですか。 8
Q2 （条件附採用）条件附採用職員の身分はどのようなものですか。正規職員になれなかったときに争うことはできますか。 10
Q3 （退職勧奨・退職届の撤回）上司から執拗に退職を迫られて退職届を提出してしまいましたが、撤回できますか。 12
Q4 （再任用）再任用を希望したところ、短時間職員でないと採用しないといわれていますが、仕方ないのでしょうか。 14
Q5 （市町村合併・一部事務組合解散と職員）市町村合併や一部事務組合解散の場合、職員の身分と勤務条件はどうなりますか。 16

　　コラム◎現業の範囲……18

第2部 人事管理

Q6 （公務員の身分保障）公務員の身分保障とはどのようなものですか。 20
Q7 （分限処分）分限処分とはどのようなものですか。 22
Q8 （降任）降任処分されましたが、争えますか。 24
Q9 （勤務実績不良・適格性欠如を理由とする分限処分）勤務成績不良・適格性欠如を理由として分限免職されましたが、争えますか。 26
Q10 （心身の故障を理由とする分限処分）精神疾患で休職中ですが、復職しようとしたら拒否されました。分限免職となるのか心配です。 28
Q11 （人員整理としての分限処分）勤務する施設が指定管理に移行し、廃職を理由に分限免職されましたが、争えますか。 30

Q12（懲戒処分）懲戒処分とはどのようなものですか。 32

Q13（職務命令違反と懲戒処分）１回の職務命令違反を理由に減給処分を受けましたが、重すぎないでしょうか。 34

Q14（懲戒処分と適正手続）処分前に十分な説明もなく、セクハラ発言を理由に懲戒免職となりました。また、相手は拒否しておらず、上司から注意もありません。処分は認められるのですか。 36

Q15（飲酒運転と懲戒処分）飲酒運転を理由に懲戒免職処分とされましたが、重すぎないでしょうか。 38

Q16（内部告発と懲戒処分）内部告発をしたところ、その事実を理由に懲戒免職処分とされましたが、許されるのでしょうか。 40

Q17（懲戒免職と退職手当）懲戒免職された場合の退職手当はどうなりますか。 42

Q18（職務命令と服務規律）市の方針に反することを外部で発言するなという職務命令は拒否できませんか。 44

Q19（職務専念義務）勤務時間内に私的にスマートフォンを見たりメールを送受信することは一切許されないのですか。 46

Q20（営利企業等の従事制限）勤務時間外に副業を行うことは許されますか。 48

Q21（異職種への異動）保育士に対して本庁の事務職への異動を命ずることは許されますか。 50

Q22（遠隔地への転勤）自宅から遠い事務所への転勤を命じられましたが、朝夕の保育所の送迎に支障をきたすことになります。応じなければなりませんか。 52

Q23（派遣）他の自治体や第三セクター、民間企業等への派遣を命じられた場合の身分や勤務条件はどうなりますか。 54

コラム◎懲戒処分の濫用と政治による不当な行政支配……56

第3部　給与

Q24（勤務条件条例主義）自治体職員の給与や勤務条件はすべて条例で

　　　　決めなければならないものですか。　　　　　　　　　　　58

Q25（人事評価）人事評価制度にはどのような問題がありますか。納得
　　　できないときは争えますか。　　　　　　　　　　　　　　60

Q26（給与条例による削減）市長が、財政事情の悪化を理由に職員の給
　　　与を10％削減すると表明していますが、認められるのですか。　62

Q27（就業規則不利益変更）地方公営企業で、当局が、特殊勤務手当に
　　　ついて、廃止ないし減額する就業規則を一方的に提示しました。
　　　認められるのですか。　　　　　　　　　　　　　　　　　　64

Q28（地方独法化と労働条件承継）職場が地方独立行政法人化されて、賃
　　　金が引き下げられました。争えませんか。　　　　　　　　　66

　　　コラム◎「猟官制」と「成績主義」……68

第4部　勤務時間、休日、休暇

Q29（勤務時間の決定）自治体職員の勤務時間はどのように決められる
　　　のですか。　　　　　　　　　　　　　　　　　　　　　　　70

Q30（長時間勤務規制）自治体職員の長時間労働に対する規制はどのよ
　　　うになっていますか。三六協定はどのような場合に必要ですか。　72

Q31（時差出勤）当局から行事予定に合わせて勤務時間をずらす時差出
　　　勤を導入したいとの申し入れがありますが、これは適法ですか。　74

Q32（労働時間）窓口準備等のための早出出勤や、参加が義務づけられ
　　　た勤務時間外の研修会に出席する時間は、労働時間にはあたら
　　　ないでしょうか。　　　　　　　　　　　　　　　　　　　　76

Q33（超過勤務手当）自治体職員の超過勤務手当はどのような仕組みに
　　　なっているのですか。　　　　　　　　　　　　　　　　　　78

Q34（休日の概念）自治体職員の休日の概念、振替休日と代休の違いに
　　　ついて教えてください。　　　　　　　　　　　　　　　　　80

Q35（年次有給休暇）年次有給休暇について教えてください。　　　　82

Q36（病気休暇・病気休職）医師からうつ病と診断され、しばらく休む
　　　ようにいわれました。今後、どのような取扱いになるのですか。　84

コラム◎労基法の事業の号別区分……86

第5部　仕事と生活の両立支援、女性の権利と母性保護

Q37（両立支援の権利）仕事と生活の両立支援をめぐる世界と日本の動きを教えてください。　88
Q38（育児休業）地方公務員の育児休業制度はどうなっていますか。　90
Q39（介護休暇）地方公務員の介護休暇制度はどうなっていますか。　92
Q40（男女差別）女性は男性と比べて昇格に遅れがあり、賃金差別を受けていますが、どうすれば是正させることができますか。　94
Q41（母性保護）母性保護としてどのような制度がありますか。妊娠を理由とする降格は認められるのでしょうか。　96
コラム◎ワーク・ライフ・バランス……98

第6部　政治活動、選挙活動

Q42（政治活動の制限）地方公務員の政治活動はどのように制限されているのですか。　100
Q43（条例制定直接請求等の受任者）地方公務員は条例制定の直接請求の受任者になれますか。市長の解職請求ではどうでしょうか。　102
Q44（地方公務員の選挙活動の自由）地方公務員の選挙活動にはどのような注意が必要ですか。　104
Q45（住民投票と政治活動）住民投票が実施される際に地方公務員が宣伝活動を行うことができますか。　106
Q46（憲法改正国民投票と地方公務員）憲法改正の賛否を問う国民投票で地方公務員はどのような活動ができますか。　108
コラム◎時代錯誤の大阪府市政治活動制限条例……110

第7部　権利救済制度

Q47（権利救済制度）自治体職員の権利救済のための制度にはどのようなものがありますか。　112

Q48（措置要求）勤務条件に関する措置要求はどういう場合に使えますか。　114

Q49（不利益処分に対する審査請求）不利益処分に対する審査請求とはどのような手続ですか。　116

　　コラム◎自治体職員の労働審判の活用……118

第8部　職場のトラブル

Q50（パソコン検査）上司が職場のパソコンのメールを調査するといっています。応じなければならないでしょうか。　120

Q51（セクハラ）職場で職員からセクハラを受けていますが、どうしたらよいでしょうか。　122

Q52（パワハラ）課長から毎日のように叱責され、うつ状態となってしまいました。どうしたらよいでしょうか。　124

Q53（第三者に対する賠償責任）保育所内の事故で子どもがけがをしました。保育士個人も損害賠償責任を負うのでしょうか。　126

Q54（自治体に対する賠償責任）職務上保管していた市の財産を紛失してしまいました。市に賠償する必要はありますか。　128

Q55（刑事責任と失職）公務中に交通事故をおこしてしまいました。自治体職員の身分や退職手当はどうなりますか。　130

　　コラム◎自治体へのクレーマー……132

第9部　公務災害

Q56（公務災害の補償制度）公務が原因でけがや病気をした場合の補償

の仕組みを教えてください。 134

Q57（公務外認定を争う方法）地公災基金に公務災害申請をしたのですが、公務外とされてしまいました。これを争うにはどうしたらいいですか。 136

Q58（臨時・非常勤職員の補償制度）臨時職員として自治体職場で働いていますが、仕事中にけがをした場合の補償はしてもらえるのでしょうか。 138

Q59（長時間労働と公務災害）長時間労働による脳心臓疾患やメンタル疾患は、どのような場合に公務上（業務上）認定が得られますか。 140

Q60（頸肩腕・腰痛と公務災害）保育所や学校給食の職場で頸肩腕障害や腰痛症の疾病で通院している同僚が多くいます。公務災害が認められますか。 142

Q61（アスベストと公務災害）石綿（アスベスト）を吸って病気に罹患した場合、公務災害と認定されるには、どうしたらいいでしょうか。 144

Q62（特殊公務災害）「特殊公務災害」という制度があると聞きましたが、どのような制度ですか。 146

Q63（公務災害と損害賠償）公務災害認定が得られたのですが、これとは別に、損害賠償を請求することはできますか。 148

コラム◎基金の段階で公務災害の認定を……150

第10部　団結権

Q64（労働基本権）地方公務員の労働基本権はどのように保障されていますか。 152

Q65（登録制度）職員団体登録制度とはどのようなものですか。 154

Q66（職員団体に関する管理職範囲の変更）公平委員会が管理職の範囲を変更したため、組合員資格を失いました。このようなことが許されるのですか。 156

Q67（消防職員）消防職員は労働組合をつくったり、団結活動をしたりできないのですか。 158

Q68（団体交渉権と勤務条件条例主義）議会が、労使間の交渉もないまま、職員の給与を10％引き下げる給与条例案を可決しようとしていますが、許されるのでしょうか。 160

Q69（誠実交渉義務）団体交渉で当局が一方的な結論を押し付けるのみなのですが、このような態度は許されるのでしょうか。 162

Q70（管理運営事項）窓口業務の民間委託にかかわる事項について団交を申し入れたところ、管理運営事項として交渉を拒否されました。どう対応したらよいでしょうか。 164

Q71（団体交渉ルール）当局が、団体交渉の時間制限や一般公開などを組合に押しつけようとしていますが、仕方ないのでしょうか。 166

Q72（書面協定）書面協定は民間の労働協約とは違うのですか。 168

Q73（組合間差別）多数派組合と少数派組合との間で、団交のもち方、資料提供などで差別的取扱いがなされています。これは許されるのですか。 170

Q74（労組法上の使用者）指定管理者で働く労働者で組合を結成して市当局に団交を申し入れたのですが、市当局は応じません。許されるのでしょうか。 172

Q75（便宜供与）労働組合への便宜供与に対する攻撃が強まっていますが、どのように考えたらいいでしょうか。 174

Q76（組合事務所使用料）長年無償で使用してきた庁舎内の組合事務所について、当局が使用料を徴収するといい出していますが、許されるのでしょうか。 176

Q77（チェックオフ）当局が組合費のチェックオフの中止を通告してきましたが、許されるのですか。 178

Q78（在籍専従）組合役員の在籍専従を当局が認めないのですが、どうすればよいでしょうか。上部団体へ派遣する場合はどうでしょうか。 180

Q79（時間内組合活動）勤務時間内に団体交渉や組合の会議を行うことはできますか。 182

Q80（庁舎・敷地内の労働組合活動）昼休みに庁舎敷地内でマイク宣伝をしていると、当局から中止するよういわれました。従わなければならないのでしょうか。 184

Q81（組合活動と信用失墜行為・守秘義務違反）市の政策批判のビラを配布したところ、当局から「信用失墜行為」、「守秘義務違反」として処分するといわれました。 186

Q82（団結権侵害への対抗措置）当局による団結権侵害行為に対し、労働組合・組合員としてどのような対抗措置をとることができますか。 188

Q83（混合組合）地公法適用職員と非適用職員とで単一の労働組合を結成していますが、労働委員会への申立てはできますか。 190

コラム◎自治体アウトソーシングと労働組合……192

第11部　臨時・非常勤職員

Q84（臨時・非常勤をめぐる課題）臨時・非常勤職員をめぐってはどのような問題があるのでしょうか。 194

Q85（臨時・非常勤職員の法適用）臨時・非常勤職員に対する法令の適用はどうなっていますか。 196

Q86（雇止め）非常勤職員として1年間の任用を更新して何年も働いてきたのに、今回、更新を拒否されました。こんなことが許されるのですか。 198

Q87（賃金格差）長年、非常勤職員として働いていますが、正規職員との大きな格差は是正できないのでしょうか。 200

Q88（手当）臨時・非常勤職員への期末・退職一時金支給は違法との意見もありますが、正しいのでしょうか。 202

Q89（年次有給休暇・育児休業・介護休暇）当局が、非常勤職員は何年働いても年次有給休暇は10日しか付与できない、育児休業、介護休暇もないというのですが、正しいのでしょうか。 204

Q90（社会保険加入）当局が非常勤職員の社会保険加入手続をしてくれ

ません。違法ではないでしょうか。　　　　　　　　　206
Q91（臨時・非常勤職員の組織形態）臨時・非常勤職員が労働組合を結成
　　　するのにはどのような形態がありますか。　　　　　　　　208
Q92（労働者性）自治体から委託を受ける形で働いていますが、地公法
　　　や労働関係の法令は適用されないのでしょうか。　　　　　210
　　コラム◎臨時・非常勤職員の現状を変えるために……212

事項索引　213

凡例

(法令)

育介法＝育児休業、介護休業等育児又は家族介護を行う労働者の福祉に関する法律

給与法＝一般職の職員の給与に関する法律

行審法＝行政不服審査法

行訴法＝行政訴訟法

均等法＝雇用の分野における男女の均等な機会及び待遇の確保等に関する法律

勤務時間法＝一般職の職員の勤務時間、休暇等に関する法律

公選法＝公職選挙法

国賠法＝国家賠償法

国公法＝国家公務員法

自治法＝地方自治法

市町村合併特例法＝市町村の合併の特例に関する法律

準則＝「職員の勤務時間、休暇等に関する条例（案）」（平成6・8・5自治能65号、最終改正平24・4・27総公48号）

地公育休法＝地方公務員の育児休業等に関する法律

地公企法＝地方公営企業法

地公共済法＝地方公務員等共済組合法

地公災法＝地方公務員災害補償法

地公法＝地方公務員法

地公労法＝地方公営企業等の労働関係に関する法律

地方独法法＝地方独立行政法人法

人規＝人事院規則

労安法＝労働安全衛生法

労基法＝労働基準法

労災保険法＝労働者災害補償保険法

労組法＝労働組合法

労契法＝労働契約法

労調法＝労働関係調整法

(裁判例)

裁判所ホームページ＝裁判所「裁判例情報」 http://www.courts.go.jp/app/hanrei_jp/search1

中労委データベース＝中央労働委員会事務局「労働委員会関係　命令・裁判例データベース」 http://web.churoi.go.jp/

判時＝判例時報

判タ＝判例タイムズ

判例自治＝判例地方自治

判例秘書＝Legal Information Center「LLI/DB 判例秘書」

民集＝最高裁判所民事判例集

労旬＝労働法律旬報

労判＝労働判例

(その他)

基金＝地方公務員災害補償基金

現業＝単純労務職員

公企＝地方公営企業職員

公平委＝公平委員会

自治体＝地方公共団体

自治体職員＝地方公共団体において任用されている職員

人事委＝人事委員会

地方独法＝地方独立行政法人（特定、一般の２種類あり）

非現業＝地公法適用職員

臨時・非常勤＝臨時職員（地公法22条２項、５項）、一般職非常勤職員（地公法17条）、特別職非常勤職員（地公法３条３項３号）の総称

労委＝労働委員会

自治体職員の法適用について

1　地公法・地公労法の適用関係

　自治体職員も憲法28条で労働基本権を保障された労働者ですが、地公法は地方公務員について労働基本権を制約し、勤務条件についても特別の規制を置いています。しかし、地公法はすべての地方公務員に一律適用されるわけではありません。

　まず、地公法が適用されるのは一般職だけで、特別職には適用されません。したがって、特別職の非常勤職員には労組法が全部適用されます。また、一般職の中でも、地公法がそのまま適用されるのは非現業だけで、公企・現業・特定地方独法職員には地公労法が適用され、民間に近い規制となっています。他方、一般地方独法職員は民間と同じです。

　ここで非現業、現業、公企、特定地方独法職員、一般地方独法職員とは以下のものをいいます（このほか、臨時・非常勤についてはQ85参照）。

　非現業──一般職のうち、公企・現業の職員を除いた地方公務員
　公　企──地公労法3条2項に規定する地方公営企業（たとえば、水道、交通など[1]）に勤務する一般職公務員
　現　業──地公法57条の単純労務職員[2]（たとえば、学校給食調理員、清掃作業員、用務員など）[3]
　特定地方独法職員──地方独法法2条2項に規定する特定地方独立行政法人（公務員型）の職員
　一般地方独法職員──同法55条に規定する一般地方独立行政法人（非公務員型）の職員

2　労働基本権の保障

　自治体職員に対する労働基本権の保障は、**表1**の通りです[4]。

　非現業については労組法が適用除外とされ（地公法58条1項）、地公法で職員団体や団体交渉等について規定されています（地公法52～56条）。公企・現業・特定地方独法職員には労組法が原則適用されますが（地公企法

39条、地公労法4条)、現業は職員団体への加入もできます(地公労法附則5項)。ただ、いずれも、民間と異なり、争議行為は禁止されています(地公法37条、地公労法11条)。

勤務条件については、非現業は、協約締結権がなく、勤務条件条例主義がとられているため、労使対等決定原則(労基法2条)が適用除外となっていますが、団体交渉権は認められているので、その趣旨は当然尊重されなければなりません。公企・現業・特定地方独法職員については、勤務条件のうち、給与の種類と基準は条例で定めますが(地公企法38条4項)、給与表や勤務時間等の勤務条件は規程や規則あるいは労働協約で定めることになっています。

他方、特別職非常勤や一般地方独法職員は民間と同じです。

表1　労働基本権の適用関係　　　　　　　　○─適用、×─適用除外

	非現業	公企・現業・特定地方独法職員	特別職・一般地方独法職員
団結権	△ 職員団体登録制度	○ 現業は職員団体への加入も可	○
団体交渉権	○ 管理運営事項 手続の規制	○ 管理運営事項	○
労働協約	× 書面協定のみ	○ 予算上の制約	○
争議権	× 禁止(罰則あり)	× 禁止(罰則なし)	○
労働条件決定原則	勤務条件条例主義	給与基準条例主義 労使対等決定	労使対等決定

3　労基法の適用関係

自治体職員に対する労基法の適用関係は、表2、表3の通りです。

表2　労基法の適用関係　　　　　　　　　　　　　○—適用、×—適用除外

	労基法条項	非現業	公企・現業・特定地方独法職員	特別職・一般地方独法職員
労働条件の原則	1	○	○	○
労働条件の決定	2	×	○	○
労働契約の期間	14①	○	○	○
賃金の支払い	24①	×　地公法25②	○	○
労働時間の原則	32	○	○	○
三六協定	36①	○	○	○
年次有給休暇	39	○	○	○
計画年休の付与	39⑥	×	○	○
災害補償	75〜88	×　地公災法	×　地公災法	△　一般地方独法職員は労災保険法、特別職はQ58参照
就業規則	89〜93	×	○	○

表3　変形労働時間制の適用関係　　　　　　　　　○—適用、×—適用除外

	労基法条項	非現業	公企・現業・特定地方独法職員	特別職・一般地方独法職員
1か月単位の変形	32の2	○	○	○
フレックスタイム	32の3	×	○	○
1年単位の変形	32の4	×	○	○
1週間単位の変形	32の5	×	○	○
事業場外みなし労働	38の2	○　労使協定は×	○	○
専門型裁量労働	38の3	×	○	○
企画型裁量労働	38の4	×	○	○

非現業も、労基法の大部分の規定が適用されますが、変形労働時間制などで労使協定等[5]が要件になっているものは適用除外（三六協定はその唯一の例外）となっています（地公法58条3項以下）。公企・現業・地方独法職員には、すべて適用されます（地公企法39条。ただし災害補償の部分は一般地方独法職員のみ）。特別職非常勤も同様です。

4　第三者機関の活用

自治体職員が活用できる第三者機関は、表4の通りです。

非現業は人事委員会（人事委）または公平委員会（公平委）に対する審査請求、措置要求（地公法46条以下）ができます。公企・現業・地方独法職員・特別職非常勤は労働委員会（労委）の活用ができます。労委では、不当労働行為事件の審査のほか、労働争議のあっせん・調停・仲裁の制度があります[6]（Q47参照）。

また、労基法違反については労基署への申告もできます。ただし、非現業については、労基法別表第一の1～10号および13～15号の事業に従事する職員（たとえば、保育士、看護師など）は労働基準監督署の監督対象ですが、それ以外の非現業は人事委または首長が労働基準監督機関の職権を行使するとされています（地公法58条5項）[7]。

表4　第三者機関の適用関係　　　　　　　〇—適用、×—適用除外

	非現業	公企・現業・特定地方独法職員	特別職・一般地方独法職員
労働委員会			
不当労働行為救済	×	〇	〇
あっせん・調停・仲裁	×	〇	〇
人事委・公平委 　審査請求・措置要求	〇	×	×
労働基準監督署の監督	×	〇	

5 労働組合の組織形態

　自治体職員は、その職種によって法適用が異なるため、その組織形態も非現業の職員団体、公企・現業・地方独法職員・特別職非常勤等の労働組合に分かれています（公営企業評議会や現業評議会も労働組合の一つの形態です）。いわゆる混合組合とは、地公法適用の非現業と非適用の公企・現業・地方独法職員や特別職非常勤等とが一緒に組織されている場合のことです（Q83、91参照）。規模の大きくない自治体では、全体として組合が一本になっているところもあります。

　どのような組織形態をとるかは、組織化に至る歴史的経緯や組合の力量・規模などによりさまざまです。民主的な運営がなされ、組織が活性化するのであれば、柔軟に考えてよいのですが、そのような場合にも、法律の適用関係の大枠を理解しておくことは大切です。

　それとともに、労働者・労働組合の権利を守る立場から、第三者機関の活用をはかることが大切です。

1　病院も条例で地公企法の全部適用とされた場合は含まれます（地公労法3条1号チ）。
2　ここでは地公法57条の単純労務職員を「現業」としています。ただし、一般的には、公企も含めて「現業」ということがあります。また、労働基準監督機関が監督権限を有する職員を「現業」ということもあります。
3　単純労務職員の範囲について、実務上はすでに廃止された「単純な労務に雇用される一般職に属する地方公務員の範囲を定める政令」に準拠して解釈されています。
4　ただし、警察職員と消防職員は団結権が認められていません（地公法52条5項）。
5　企画型裁量労働（労基法38条の4）は労使委員会の議決が要件とされています。
6　仲裁については、民間と異なり、相手方の同意がなくても、あっせん・調停から移行する強制仲裁の制度があります（地公労法15条）。
7　具体的な号別区分については、人事委員会と都道府県労働局が協定を結ぶことができるとされています（地公法8条7項）。

第1部

任用制度

（任用）

1 任用とはどのような概念ですか。労働契約とはどう違うのですか。

1 任用とは何か

任命権者が特定の者を特定の職につけることを任用といい、採用、昇任、降任、転任の四つがあります（地公法17条１項、15条の２第１項）。

採用とは現に職員でない者を職員の職に任命することです。昇任とは職員を現に有する職より上位の職に任命すること、降任とはこの逆です。転任とは職員を現に有する職と同位の職に任命することです。

正規職員の採用は、すべて条件附のものとされ、６カ月間の勤務を良好な成績で遂行したときに正式採用されることになります（同法22条１項）。また、正規職員の採用以外に、臨時的任用（同法22条２項、５項）などの採用形態もあります（**Q85**参照）。

2 任用の法的性質

任用の法的性質についてはかねてより争いがあります。

一般的には、公務員の採用や勤務関係、分限処分、懲戒処分は法律・条例で定められ合意で変更することができないこと、任免について行政不服審査および行政訴訟が認められていること等を理由に、任用は行政行為とされています。

しかし、公務員の採用は同意を要件とする行政行為とされており、この点では合意による労働契約と大差ありません。また、公務員が職務専念義務等を負う一方で、給与請求権をはじめとする種々の権利を有することも民間労働者と変わりません。さらに、公務員の身分が法による規律を受けるといっても、民間労働者も労基法その他の法令により規律されていますので、この点でも変わりません。こうしたことから公務員関係を公務員法の規律を受ける特殊な労働契約関係と考える説も有力に主張されています。

3 任用に関する法規制

地公法は、職員に関する通則として、平等取扱原則（地公法13条）、情勢適応原則（同法14条）を定めるとともに、任用に関する原則として、成績

主義（同法15条）や欠格事由（同法16条）、競争試験または選考による任命等の手続（同法17条〜21条の5）を定めています。平等主義、成績主義などに反する任用が行われた場合には、罰則が適用されます（同法60条1号、61条2号、3号）。

任用が「意に反する不利益処分」にあたる場合は、非現業の正規職員は人事委または公平委に審査請求をすることができ（同法49条の2第1項）、審査請求を経ないと訴訟を提起できないとされています（同法51条の2）。また、訴訟は不利益処分の取消訴訟（行訴法8条）となり、仮の救済手続も民事上の仮処分ではなく、執行停止の申立て（同法25条）によることになります。

また、任用以外に労働契約を締結すること（国公法2条7項はその余地を認めています）については、その余地は否定されていますが、反対説もあります。

4　労働者保護法の準用

労契法は公務員を適用除外としていますが（労契法22条）、解雇権濫用（同法16条）や雇止め規制（同法19条）、就業規則不利益変更（同法10条）などの規定は、「労働者の保護」（同法1条）のための規制であり、公務員についても保護の必要性はあるのですから、その性質に反しない限り、公務員にも準用されるべきものです。

しかし、任用は行政行為であって労働契約ではないとする考え方からは、これらの規制はその性質上公務員に適用されないことになり、その結果、内定取消しや勤務条件不利益変更、雇止め等をめぐる問題解決が困難となっています。その意味でも、公務員関係と民間の労働関係を峻別して労働契約法理の適用を排除するのは妥当ではなく、できるだけ労働契約に近づけた解釈がとられるべきでしょう。

（条件附採用）

2 条件附採用職員の身分はどのようなものですか。正規職員になれなかったときに争うことはできますか。

1 条件附採用とは

　一般職の地方公務員の採用は、非現業・公企・現業を問わず、6カ月間の条件附のものとされています（地公法22条1項）。これは、採用時の競争試験または選考だけでは職務遂行能力の有無が完全に判断できないことから、いったん採用された職員の中に適格性を欠く者があるときは、その排除を容易にし、職員の採用を能力の実証に基づいて行うという成績主義の原則を貫徹するためとされています（堂島職安事件・最判昭49・12・17判時768号103頁）。

　なお、市町村合併に伴って、消滅市町村の職員が合併市町村（合併後の新設・存続市町村）に引き継がれた場合、合併市町村に新たに採用されたものと解されていますが、これは、条件附採用ではないとされています（最判昭35・7・21判時230号13頁）。また、すでに地公法の条件附採用を経ている職員を同じ自治体の学校教員として採用した場合について、条件附採用にあたらないとした事案もあります（大阪市教委事件・大阪高判平20・8・29労判978号41頁）。

2 条件附採用期間中の法適用

　条件附採用期間は、職務遂行能力の実証のためのものなので、その期間中に能力の実証がなされなければ正式採用とはならず、分限免職処分がなされます。その意味で、正規職員のような身分保障はありませんが（地公法29条の2第1項1号）、それ以外の、公正取扱原則（同法27条1項）や平等取扱原則（同法13条）の適用、給料その他の勤務条件や労働基本権については正規職員と異なるところはなく、勤務条件に関する措置要求も可能です。

3 条件附採用期間の延長

　条件附採用の期間については、人事委または競争試験を行う公平委（それ以外の場合は任命権者）が1年まで延長することができます（地公法22条

1項後段、同条5項後段）。しかし、期間延長は、職員の身分を不安定にすることから、人事委規則の案（通知昭27・12・4自丙行発52号）では、①条件附採用の期間において実際に勤務した日数が90日に満たないとき、②正式採用となるための勤務成績その他の能力の実証または判定が十分でないと認められるときで、条件附採用の期間を延長することによって正式採用になる見込みがあると認める場合に限り、延長できるとされています。

　条件附期間を良好な成績で職務を遂行したときは、当該職員は、あらためて特別の手続を要することなく、当然に正式採用となります（高松高判昭37・11・27行集13巻11号2108頁）。

4　不適格を理由とする分限免職処分

　条件附採用職員が能力や適格性を欠くなどとして分限免職される場合の判断については、正式採用職員の場合に比較して任命権者はより広い裁量権が与えられていますが、それは純然たる自由裁量ではなく、合理的な判断の限界を超えてはならないとされています（千葉県教委事件・東京高判昭51・1・29判タ342号199頁。最判昭53・6・23判タ366号169頁はこれを維持）。

　また、条件附採用期間中の教員の資質・能力については、研修による成長、改善の可能性をも考慮して判断すべきで、そのような可能性があったといえる場合には裁量権逸脱として分限処分が取り消されます（東京都・都教委（都立E中学）事件・東京地判平26・12・8労判1110号5頁）。

　この分限免職処分を争う場合、審査請求をすることはできませんので（地公法29条の2第1項1号）、処分があったことを知った日から6カ月以内に取消訴訟を提起することになります。

(退職勧奨・退職届の撤回)

3 上司から執拗に退職を迫られて退職届を提出してしまいましたが、撤回できますか。

1 公務員の退職の仕組み

公務員の地位は任用という行政処分に基づいているため、公務員が退職届を提出しただけでは公務員の身分を失うことはありません。任命権者が退職処分という行政処分を行うことで、初めて公務員の身分を失うことになります。

2 勧奨退職とは

使用者が公務員に対して退職の意思を表明することを勧めることを退職勧奨といいます。そして、退職勧奨に応じて公務員が退職することを勧奨退職といいます。

公務員が自発的に退職を決意して退職する場合と勧奨退職とでは、最終的に公務員が自分の意思で退職をするという点では同じですが、前提として使用者から退職勧奨を受けたか否かが異なります。勧奨退職の場合には、退職金が割増される制度等の優遇措置を設けている自治体も少なくありません。

3 退職勧奨が違法となる場合

退職勧奨は、あくまでも任意に退職の意思を表明することを勧める行為であり、公務員がこれに応じる義務はありません。勧奨を受けた公務員が明確に拒否の意思表示をしているにもかかわらず、新たな退職条件の提示などもなく同様の勧奨を継続することは違法となることがあります。

裁判例においても、「退職勧奨は雇用関係にある者に対し、自発的な退職意思の形成を慫慂するためになす説得等の事実行為であるが、一面雇用契約の合意解約の申入れあるいは誘因という法律行為の性格をも併せもつ場合もある。……いずれの場合においても被勧奨者は何らの拘束なしに自由にその意思を決定しうるのはもとより、いかなる場合でも勧奨行為に応じる義務もない」、「被勧奨者の任意の意思形成を妨げ、あるいは名誉感情を害するごとき言動が許されないことはいうまでもなく、そのような勧

奨行為は違法な権利侵害として不法行為を構成する場合がある」(下関商業高校事件・山口地下関支判昭49・9・28判時759号4頁。控訴審、上告審(最判昭55・7・10労判345号20頁)も維持)とされています。

4 退職届の撤回

退職届の撤回については「退職願の提出者に対し、免職辞令の交付があり、免職処分が提出者に対する関係で有効に成立した後においては、もはや、これを撤回する余地がないと解すべきことは勿論であるが、その前においては、退職願は、それ自体で独立に法的意義を有する行為ではないから、これを撤回することは原則として自由である」(丸森町事件・最判昭34・6・26民集13巻6号846頁、判時191号5頁。近年の例として、豊富町事件・旭川地判平25・9・17判時2213号125頁)とされています(ただし、退職届の撤回が信義に反すると認められるような例外的な場合には撤回が許されないとされています)。これは民間の労働契約における退職届の撤回に関する大隈鐵工所事件・名古屋高判昭56・11・30判時1045号130頁と平仄を合わせるものです。

なお、退職届の撤回は口頭でもできますが、撤回の事実を明確にするために文書で行うことが望ましいでしょう。

5 違法な退職勧奨に基づく退職処分の取消し

正当な退職届の撤回があったにもかかわらず退職処分がなされた場合や、詐欺強迫に基づく瑕疵ある意思表示といえる退職届に基づいて退職処分がなされた場合には、その退職処分は違法として取消しを求めることができます。この場合、非現業であれば、人事委・公平委に審査請求をすることができます(行実昭27・12・23自行公発112号)。あるいは、退職処分の取消訴訟を提起することもできます(反戦自衛官事件・東京地判昭57・12・22労判400号22頁。なお、裁判所は、退職承認処分は「意に反する降任、休職若しくは免職又は懲戒処分」にあたらないので審査請求の前置を不要としています)。

（再任用）
4 再任用を希望したところ、短時間職員でないと採用しないといわれていますが、仕方ないのでしょうか。

1 再任用制度の概要

再任用制度は、2001（平成13）年度から公的年金の基礎年金相当部分の支給開始年齢が65歳へ段階的に引き上げられたことに伴い、60歳定年後の継続勤務のための新たな任用制度として施行されたものです（地公法28条の4以下）。とくに、2013（平成25）年度以降、公的年金の報酬比例部分の支給年齢も段階的に60歳から65歳に引き上げられることにより、無収入期間が生じることになりますので、再任用制度により採用されるかどうかは、重要な問題となります。

2 再任用制度の問題点

自治体は、希望者全員を再任用する義務を負うものではありません。「地方公務員の雇用と年金の接続について」（平25・3・29総行高2号総務副大臣通知）においても、職員が再任用を希望する場合、常時勤務を要する職（フルタイム職）に再任用するものとする一方で、職員の年齢別構成の適正化をはかる観点から再任用を希望する職員をフルタイム職に再任用することが困難であると認められる場合、または希望する職員の個別の事情を踏まえて必要があると認められる場合には、短時間勤務の職に当該職員を再任用することができる、とされています。そのため、再任用を希望しても採用されない、あるいは、フルタイムでの再任用を希望したのに短時間勤務でしか採用してもらえない、ということもおこり得ます。

3 再任用拒否が違法とされる場合

再任用しないという通知は、処分性はないとされていますので、その取消しを求めることはできません。また再任用の判断については、任命権者が広範な裁量を有するとされています。

しかし、定年退職者の再任用審査手続において、任命権者が再任用の選考方法を定めた場合、これを公正、公平に実施すべきことは当然のことであり、個々具体的な選考審査が公正、公平に実施されず、あるいは濫用的

に運用された場合は国賠法上違法となると判示されています（熊本県教委事件・福岡高判平25・9・27判時2207号39頁）。この事例では、逸失利益（再任用されていれば支給されていたはずの給与等の収入）の支払いが命じられました。

　また、定年退職後、任期1年の再任用職員として働いていたが、3期目の選考で不合格とされた事件では、非常勤職員の雇止め（再任用拒否）において任命権者が再任用を確約ないし保障する等、再任用されると期待することが無理からぬものとみられるような特段の事情がある場合は、誤った期待を抱いたことによる損害について国家賠償請求を認める余地があるとした大阪大学事件・最判平6・7・14労判655号14頁（**Q86**参照）と同じ基準をたてた上で、都立高校教員の再任用は簡素な採用手続で毎年9割以上が合格していること、原告は過去に2回再任用されその際の業績評価も良好だったことから任用が継続されると期待することが無理からぬ事情があったとして、再任用不合格を違法として逸失利益と慰謝料の支払いが命じられました（東京都事件・東京地判平26・3・6判時2249号94頁）。

　さらに、前述の「地方公務員の雇用と年金の接続について」で短時間職員で再任用できるとされている場合（「再任用を希望する職員をフルタイム職に再任用することが困難であると認められる場合」あるいは「希望する職員の個別の事情を踏まえて必要があると認められる場合」）に該当しないのに、フルタイムでの再任用を拒否されたような場合には、違法な拒否として、国賠法上違法とされる可能性があると考えられます。

　再任用を拒否された場合にはいかなる理由でそのような判断がなされたのかを問いただす必要があります。

　ところで、民間労働者については、高年齢者等の雇用の安定等に関する法律の改正（2013（平成25）年4月施行）により、希望者全員を継続雇用制度の対象とすることが必要となりました。この改正法の趣旨を、自治体にどう生かせるかが問われているといえるでしょう。

(市町村合併・一部事務組合解散と職員)

5 市町村合併や一部事務組合解散の場合、職員の身分と勤務条件はどうなりますか。

1 市町村合併と職員の承継

民間の会社が合併した場合、労働者の地位は当然に承継されます（会社法750条1項、756条1項等）。これに対し、自治体が合併により消滅する場合、その自治体職員の地位は当然には承継されません。これは、自治体職員の地位が任用によるものとされているからです。

この点、市町村の合併の特例に関する法律（合併特例法）12条1項は、「合併関係市町村は、その協議により、市町村の合併の際現にその職に在る合併関係市町村の一般職の職員が引き続き合併市町村の職員としての身分を保有するように措置しなければならない」と定め、新たな自治体が改めて任用するものとしています（合併特例法は時限立法で、これまでも同種の法律が制定・廃止されては新法に引き継がれてきましたが、この規定は一貫して引き継がれています）。

したがって、合併市町村（合併後の新設または存続市町村）が消滅する合併関係市町村（合併前の市町村）の職員を任用しないで実質上の解雇をすることは許されません。

このように、消滅する合併関係市町村の職員は合併市町村に新たに任用される形となりますが、自治体組織は合併前後を通じて事実上連続しているのですから、これを全く新たな採用とみることはできません。裁判所も、この場合に地公法22条1項が適用されて条件附採用となり身分保障を失うに至るという解釈は採ることができないとしています（最判昭35・7・21判時230号13頁）。

2 一部事務組合等の解散と職員の承継

他方、一部事務組合等の解散の場合は、このような特例法はありません。しかし、構成団体（一部事務組合を作っていた自治体）において、一部事務組合が行ってきた事務事業が引き続き行われているのに、一部事務組合に採用されて働いてきた職員が職を失ってしまうのは正義に反します。この

点、公立病院を設置運営していた一部事務組合が解散するに際し、同病院の全職員を分限免職した事件で、裁判所は、一部事務組合が解散した場合、同組合の職員がその事務を承継する自治体の職員としての地位を当然に取得することにはならず、あるいはその自治体がその職員を当然に採用する義務を負うものでもないとしながら、市の期待権侵害を認めて損害賠償を命じました（北秋田市（米内沢病院）事件・仙台高秋田支判平27・10・28判例集未登載）。

しかし、業務自体が存続する場合は、職員も承継されるべきであり、不十分さが残ります。

3　消滅自治体における職位等について

市町村合併に際して、合併関係市における課長補佐級の職員を合併市の係長級としたことが不利益処分（降任）に該当するかが争われた裁判例があります（丸亀市事件・高松高判平20・10・2労判973号29頁）。判決は、合併の前後を通じて行政の継続性と安定性が確保されなければならないこと、地公法の身分保障は合併の前後を通じ奪われることのないよう配慮しなければならないことなどを指摘した上で、合併前の身分と合併後の身分との間には実質的な連続性が認められるとし、合併前の処遇と合併後の処遇とを比較し、不利益処分を受けたものと認めることができると判断しました。

このように、市町村合併あるいは一部事務組合等の解散の場合に伴う職員承継の場合も、従前と同様の勤務条件が保障されるべきです。

◎コラム
現業の範囲

　単純な労務に雇用される者（地公法57条）のことを「単純労務職員」といいます。しかし、その用語は現在ではあまり使われておらず、本書でも「現業」としています。その範囲について、実務上は現在も、以下のとおり、すでに廃止となった「単純な労務に雇用される一般職に属する地方公務員の範囲を定める政令」（昭和26・2・15 政令25号、昭和27・10・1廃止）に従って運用されています。

　「地方公務員法附則第21項に規定する単純な労務に雇用される職員とは、一般職に属する地方公務員で左の各号の一に掲げる者の行う労務を行うもののうち技術者、監督者及び行政事務を担当する者以外の者をいう。

一　守衛、給仕、小使、運搬夫及び雑役夫
二　土木工夫、林業夫、農夫、牧夫、園丁及び動物飼育人
三　清掃夫、と殺夫及び葬儀夫
四　消毒夫及び防疫夫
五　船夫及び水夫
六　炊事夫、洗たく夫及び理髪夫
七　大工、左官、石工、電工、営繕工、配管工及びとび作業員
八　電話交換手、昇降機手、自動車運転手、機械操作手及び火夫
九　青写真工、印刷工、製本工、模型工、紡織工、製材工、木工及び鉄工
十　熔接工、塗装工、旋盤工、仕上組立工及び修理工
十一　前各号に掲げる者を除く外、これらの者に類する者」

　いずれも古めかしい呼び名であり、現在においても、「単純労務職員」というカテゴリーが必要だとすれば、その名称を含めて、変更することが検討されるべきでしょう。

第 2 部

人事管理

（公務員の身分保障）

6 公務員の身分保障とはどのようなものですか。

1 公務員の身分保障

　公務員の身分保障とは、公務員の地位の安定や政治の介入を防ぐためのものであり、能力の実証に基づいて人事が行われるべきとする成績主義（メリットシステム）と密接に結びつく公務員制度の大原則です。

　アメリカのような猟官制（スポイルズシステム）の下では、政権交代に伴い、公務員が自由に解雇されます。しかし、そのような制度の下では、公務員の人事に政治が介入し、公務員はいついかなる理由で免職されるかもしれないという不安定な地位に立つことになります。それでは、行政組織の政治的中立性の原則は保持できず、公務の継続性も失われます。また、公務員が客観的な能力を問われなくなるため、行政組織の効率性を確保できなくなり、ひいては国民の人権保障ができなくなります。

　そこで、わが国では、国公法と同様に、地公法も、「職員の分限及び懲戒については、公正でなければならない」（地公法27条1項）と定め、さらに、分限処分や懲戒処分は法律や条例で定める事由や手続によらなければならないとするとともに（同条2項、3項）、不利益処分に対する審査請求制度（同法49条の2）を定めています。これが、公務員の身分保障です。

　これに対し、民間では、公務員のような身分保障はありませんが、労基法・労契法等の法律によって解雇が制限されており、雇用の保障がはかられています。

2 分限処分と懲戒処分の関係

　地方公務員に対する不利益処分は、分限処分と懲戒処分に大別されます。分限処分は、公務の公正中立の確保や能率の維持および適正な運営の確保のために行うものです。これに対し、懲戒処分は、職員の非違行為についてその責任を追及する、いわば制裁を目的とするものです。

　ただ、分限処分と懲戒処分には、効果が共通するものがあり、これらの関係が問題となります。たとえば、分限免職と懲戒免職については、一方

の処分が先行すれば、それによって職員の身分が失われ、他方の処分を行う余地がなくなるので、重ねて処分を行うことはできないとされています。しかし、一般的には、分限処分と懲戒処分を重ねて行うことは可能とされています（行実昭42・6・15）。分限休職と懲戒停職についても、職務に従事させないという効果は同じでも、その他の効果（給与の支給など）が異なるからです。

　また、同一の事由について懲戒処分と分限処分のそれぞれを行うことができるか否かも問題になります。たとえば、上司の職務命令に従わない職員がいた場合、職務命令違反として懲戒事由に該当しますが（地公法29条1項1号）、同時に勤務成績不良あるいは適格性を欠く者として分限事由にも該当する場合です（同法28条1項2号、3号）。

　このように同一の事由が分限事由と懲戒事由のいずれにも該当する場合、分限処分と懲戒処分は趣旨が異なるので、同一事由について両方の処分を行うことは一般的には可能とされています。もっとも、実質的に二重処分となるのは不当であり、ほぼ同一の事由で停職6カ月という重い懲戒処分がなされた上さらに分限免職処分とすることは合理性を保つ判断として許容される限度を超えるものとして、分限免職処分が取り消された事例もあります（明石市事件・大阪高判平26・12・5労判1113号5頁）。

　なお、懲戒処分を行うかどうか、いかなる程度の処分を選ぶかは原則として任命権者の裁量に委ねられています（神戸税関事件・最判昭52・12・20民集31巻7号1101頁、判時874号3頁）。懲戒事由があっても懲戒免職処分に付さず、分限免職処分としたことが適法とされた事例もあります（川崎市退職金支払無効住民訴訟・最判昭60・9・12労判459号30頁）。

3　公正の原則

　地公法27条1項は、公務員の分限および懲戒については公正でなければならないと定めています。「公正」には、法に定める事由でなければ処分を受けることがないという実体的な適法性だけでなく、適正手続の要請も含まれます。また、「公正」であるというためには、その処分の程度が過酷でないこと、他の処分との均衡がはかられていることが必要となります。

(分限処分)

7 分限処分とはどのようなものですか。

1 分限処分とは何か

　分限処分とは、公務の能率の確保等の観点から、本人の意思に反する不利益な身分上の変動をもたらす処分であり、その種類としては、降任、免職、休職および降給の四つがあります。

2 分限処分の基準と指針

　非現業に対する分限処分としての降任および免職は、①勤務実績不良、②心身の故障、③適格性の欠如、④職制若しくは定数の改廃または予算の減少による廃職または過員の場合に認められます（地公法27条2項、28条1項）。

　分限処分としての休職は、①心身の故障のため長期の休養を要する場合と、②刑事事件に関し起訴された場合（同条2項）のほか、③条例で定める事由が生じた場合にも認められます（同法27条2項）。

　分限処分としての降給は、その事由について地公法には定めがなく、条例で定めるとされています（同項）。

　それぞれの事由に該当するか否かの判断は客観的に行うべきです。

　また、処分にあたっては、公正の原則（同法27条1項）や平等取扱原則（同法13条）に従わなければなりません。

　各事由に該当する場合にいかなる処分を行うかの判断は、任命権者の裁量に委ねられますが、裁量権の範囲を逸脱した場合には違法となります（Q8、9、10、11参照）。これについては、国家公務員に関する人規11-4（職員の身分保障）、「人事院規則11-4（職員の身分保障）の運用について」、「分限処分に当たっての留意点等について」が参考になります。

　なお、近年の公務員バッシングを背景に、条例で分限処分などを強化する自治体が現れています。たとえば、大阪市職員基本条例は、相対評価で2年連続して最低ランクにされた者を分限免職の対象者としています。しかし、相対評価では常に誰かが最低ランクとなるわけですから、これを分

限免職事由とすることは公務員の身分保障に著しく反します（セガ・エンタープライゼス事件・東京地決平11・10・15労判770号34頁参照）。

3　分限処分の手続と効果

分限処分の手続および効果は、法律に特別の定めがある場合の外、条例で定める必要があります（地公法28条3項）。

この点、行政手続法による告知・聴聞の手続は保障されていません（同法3条1項9号）。しかし、処分対象となった当該公務員の防御の機会を保障するためには、憲法31条に基づき、処分を行うにあたっては、あらかじめ告知・聴聞の機会を与えるべきです。

職員に分限処分をするにあたっては、職員がいかなる事由による処分かを認識し、審査請求を行う権利を保障するため、その職員に対し処分説明書を交付しなければなりません（地公法49条1項）。

このような処分説明書交付の趣旨からすれば、審査請求の後に行政側が処分事由を追加することは原則として認められず、追加が許されるのは追加事由ともとの処分事由とが密接な関連性がある場合に限られます（山口県教委（停職処分）事件・最判昭59・12・18労判443号16頁）。

4　分限処分の争い方

非現業職員が分限処分を争う場合、処分があったことを知った日の翌日から3カ月以内または処分があった日の翌日から1年以内に、人事委または公平委に審査請求をすることができます（地公法49条の2第1項、同条の3）。この裁決に不服がある場合、取消訴訟を提起できます。なお、取消訴訟は、人事委または公平委への審査請求を行った後でなければ提訴できません（審査請求前置主義、同法51条の2。これに対して、公企・現業等は処分を知った日から6カ月以内に取消訴訟を提起できます）。

また、取消訴訟を提起した場合、処分によって生じる重大な損害を避けるため緊急の必要があるときは、裁判所に対し処分の効力停止や執行停止の申立てができます（行訴法25条2項）。なお、免職処分の効力停止は認めず、免職処分による給与不払部分の一部についてのみ効力停止を認めた裁判例もあります（東京都教委事件・東京高決平24・7・12判時2155号112頁）。

(降任)
8 降任処分されましたが、争えますか。

1 降任とは

　降任とは、本人の意思に反する不利益処分である分限処分の一種であり、職員を、条例等により公の名称の与えられている職で、その現に有するものより下位の職に任命することをいいます。

　分限処分としての降任は、①勤務実績が良くない場合、②心身の故障のため、職務の遂行に支障があり、またはこれに堪えない場合、③その外、その職に必要な適格性を欠く場合、④職制若しくは定数の改廃または予算の減少により廃職または過員を生じた場合にのみ認められます（地公法27条2項、28条1項）。

2 裁量権濫用の判断基準

　分限処分をするにあたっては、任命権者に裁量権が与えられていますが、これを濫用したときは違法となります。

　すなわち、分限制度の目的と関係のない目的や動機に基づいてされた場合、考慮すべき事項を考慮せず、考慮すべきでない事項を考慮して処分理由の有無が判断された場合、あるいは、その判断が合理性をもつものとして許容される限度を超えた場合には、裁量権の行使を誤ったものとして違法となります（広島県教委事件・最判昭48・9・14民集27巻8号925頁、判時716号27頁）。

　裁判例等で、分限処分としての降任が違法とされた事例としては、市立病院の副院長から健康相談室勤務の参事に降任された事例（日野市事件・東京地判平21・11・16労判998号47頁）、市の参事（課長級）から係員まで4ランク降任された事例（吹田市事件・吹田市公平委平25・12・18労旬1822号54頁）等があります。

　もっとも、免職の場合は公務員としての地位を失うことになるのに比べて、降任の場合は単に下位の職（ポスト）に就けられるだけで、公務員の地位自体は失わないことから、「降任の場合における適格性の有無につい

ては、公務の能率の維持およびその適正な運営の確保の目的に照らして裁量的判断を加える余地を比較的広く認めても差支えない」とされており、免職の場合よりも裁量の範囲は広いものとされています（前掲広島県教委事件）。

また、降任処分は、他の強行法規に違反する場合も違法となります。たとえば、妊娠中の軽作業への転換を契機として降格する事業主の措置は、原則として、妊娠・出産を理由とする不利益取扱を禁止した均等法9条3項に違反するとされていますが（広島中央保健生協（C生協病院）事件・最判平26・10・23労判1100号5頁）、これは地方公務員についても同様であり、当該降任処分は違法となります（**Q41**参照）。

3　降任に準ずる転任

転任は、原則として不利益処分とはされていません。ただし、それが実質的に降任に準ずるものである場合には裁量権の濫用または逸脱による違法な処分となり得ます（日田市事件・大分地日田支判平14・3・29労判829号65頁など。**Q21**参照）。

4　希望降任制度

近年、多くの地方自治体等で、職員が、介護や育児あるいは健康上の理由等により、仕事上の負担を減らすため、職員自らの申し出により降任する希望降任制度が制度化されています。

これは、本人の意思に反する処分ではなく、分限処分としての降任とは異なるものです。

(勤務実績不良・適格性欠如を理由とする分限処分)

9 勤務成績不良・適格性欠如を理由として分限免職されましたが、争えますか。

1 勤務実績不良・適格性欠如を理由とする分限処分

地公法は、「勤務実績が良くない場合」（地公法28条1項1号）や「その職に必要な適格性を欠く場合」（同項3号）に、本人の意思に反して降任や免職することができると定めています。

これは、成績主義の原則（同法15条）に基づくもので、その職に求められる能力や適格性を欠く者がその職に就いていては公務の適正な運営ができなくなることから定められているものです。

この処分をするための手続や効果については、自治体が条例で定めることとされ（同条3項）、「職員の分限に関する手続及び効果に関する条例」等の名称の条例が定められています。

2 勤務実績不良の判断基準

「勤務実績が良くない場合」については、勤務の結果に着目して客観的に判断されます。

この点、2014（平成26）年改正地公法（2016（平成28）年4月施行）28条1項1号では、従前「勤務実績が良くない場合」とされていたものが、「人事評価又は勤務の状況を示す事実に照らして、勤務実績がよくない場合」と改められました。これによって、「勤務実績が良くない場合」が人事評価で低位の評価を受けた場合を指すことが明確になりました。これは、先に改正されていた国公法78条1項に合わせたものです（人事評価については Q25参照）。

人規11-10では、「能力評価又は業績評価の全体評価が最下位の段階である」場合で、人事院が定める一定の指導や措置を行ってもなお成績が不良なことが明らかな場合に、分限免職や降任処分をできるものとしており、自治体においても、一般に、同様の解釈がとられています。

3 適格性欠如の判断基準

「その職に必要な適格性を欠く場合」というのは、その職員の「簡単に

矯正することのできない持続性を有する素質、能力、性格等に起因し、その職務の円滑な遂行に支障がある場合」やその高度の蓋然性が認められる場合をいうと理解されています。この「適格性」は、外部に表れた行動、態度により判断すべきであり、この判断にあたっては、個々の行動や態度についての性質、態様、背景、状況などの諸般の事情に照らして評価すべきことはもちろん、それら一連の行動、態度については相互に有機的に関連付けて評価すべきであり、さらに、その職員の経歴や性格、社会環境などの要素も加味して総合的に評価すべきとされています。

　そして、分限処分が、分限制度の目的と関係のない目的や動機に基づく場合、考慮すべき事項を考慮せず、考慮すべきでない事項を考慮して処分理由の有無が判断された場合、その判断が合理性をもつものとして許容される限度を超えた場合には、裁量権の濫用として違法となります（広島県教委事件・最判昭48・9・14民集27巻8号925頁、判時716号27頁）。

　とりわけ分限処分が免職である場合は、当該職員が現に就いている職に限らず、転職可能な他の職を含めてこれらすべての職についての適格性を欠くものかどうかをとくに厳密、慎重に判断する必要があるとされています（前掲広島県教委事件、日本郵政公社事件・最判平16・3・25労判870号5頁）。

　また、ここで、「持続性を有する素質、能力、性格などに起因」するとは、上司などが繰り返し指導や注意をしたり、矯正を目的とした研修の受講を命じたり、従事する職務を見直すことなどの措置をとったものの効果がないような素質、能力、性格に起因する場合をさします。

　したがって、たとえば、自治体の職員数削減に伴う当該職員の担当業務の範囲拡大や慣れない業務を担当することに起因する、事務処理の過誤や遅滞は、これを過大に評価することはできません（東京都Ｉ島村事件・東京地判平26・1・29労判1092号20頁）。

　これらの基準を逸脱した分限免職処分は、裁量権の濫用として違法となります。

(心身の故障を理由とする分限処分)

10 精神疾患で休職中ですが、復職しようとしたら拒否されました。分限免職となるのか心配です。

1 心身の故障を理由とする分限処分

地公法は、「心身の故障のため、職務の遂行に支障があり、又はこれに堪えない場合」に、本人の意思に反して降任や免職することができると定めています（地公法28条1項2号）。また、「心身の故障のため、長期の休養を要する場合」には、本人の意思に反して休職にすることができると定めています（同条2項）。

この処分をするための手続や効果については、自治体が条例で定めることとされ（同条3項）、「職員の分限に関する手続及び効果に関する条例」等の名称の条例が定められています。

2 休職から復職までの流れ

病気休暇の取得の後の病気休職の期間については、上記の条例等に規定が置かれています。心身の故障による休職については最長3年間としている例が多いようです（Q36参照）。この期間を使って療養に努め、体調が回復した段階で復職を求めることになります。

病気休職からの復職には、条例・規則等に定められた基準を満たす必要があります。その際、本人の復職願の提出や主治医の診断書の提出に加えて、復職の可否について当局の指定する医師の診断を受けることを要求されることがあります。この点、指定医が主治医の意見と異なる診断をすれば復職が認められない場合もあるので注意が必要です。

また、休職に至った心身の故障が公務上の災害による場合、その療養のために休業する期間およびその後の30日間の分限免職が制限されますので（労基法19条）、分限免職を回避する観点からは、早い段階で公務災害の認定請求を行うことが望ましいといえます。

3 復職の可否と分限免職

病気休職による3年の休職期間が満了する場面では、「心身の故障のため職務に堪えない」として、復職を拒否され、分限免職とされる可能性が

あります（地公法28条1項2号）。

「心身の故障により職務に堪えない」とは、当該職員の精神または肉体に故障があり、職務に支障を生じ、かつ、その回復の見込みがないか、極めて長期間治療を要する見込みである場合をいうとされています。

実際に分限免職の是非が問題となる場面での判断では、復職を不可とした指定医の診断が合理的なものといえるのか、従前の職への復帰は難しくても他の適当な職への降任によって対応できないか等が問題となります。

この点、全日本空輸事件・大阪高判平13・3・14労判809号61頁は、休職からの復帰後、ただちに従前の業務に復帰できない場合でも、比較的短期間で復帰可能な場合には、使用者には復帰準備期間の提供などが信義則上求められるとしています。

4　心身の故障と勤務実績不良・適格性欠如との関係

心身の故障により休職していた職員を、勤務実績不良（地公法28条1項1号）や適格性欠如（同項3号）を理由に、分限免職することが許されるかという問題があります。

任命権者の裁量権の行使は、分限制度の目的と関係のない目的や動機に基づく場合、考慮すべき事項を考慮せず、考慮すべきでない事項を考慮して処分理由の有無が判断された場合、その判断が合理性をもつものとして許容される限度を超えた場合には、裁量権の濫用として違法となります（広島県教委事件・最判昭48・9・14民集27巻8号925頁、判時716号27頁）。

この判断枠組みからは、免職処分の実質的な理由が心身の故障であるにもかかわらず、成績不良や適格性の欠如という他の理由を持ち出して処分することは違法となる可能性があります。

この点、精神疾患に起因する問題行動があり、分限休職中の職員について、指定医師の診断を経ないまま、勤務実績不良・適格性欠如を理由に分限免職した事例において、分限免職の実質的理由が心身の故障であったにもかかわらず、指定医師の診断を経ないまま、ただちに勤務実績不良や適格性の欠如に該当することを理由に分限免職を行うことはできないとした裁判例があります（武蔵村山市事件・東京地判平24・9・26労判1064号72頁）。

（人員整理としての分限処分）

Q&A 11 勤務する施設が指定管理に移行し、廃職を理由に分限免職されましたが、争えますか。

1　廃職・過員を理由とする分限免職

地公法は、「職制若しくは定数の改廃又は予算の減少により廃職又は過員を生じた場合」に、本人の意思に反して降任や免職することができると定めています（同法28条1項4号）。この処分をするための手続や効果については、自治体が条例で定めることとされ（同条3項）、「職員の分限に関する手続及び効果に関する条例」等の名称の条例が定められています。

近年、指定管理者制度の導入や民間委託などによって公務のアウトソーシングが進められる中、組織改編・廃止がなされ、この規定を使って多人数の分限免職が一斉に行われる事例が増えています。

しかし、廃職・過員を理由とする分限免職は、当該職員に何ら責められる理由がないのに、その意思に反して一方的に職を奪われるものですから、任命権者の裁量権は制約されるべきです。すなわち、任命権者には、民間の整理解雇4要件（①人員削減の必要性、②解雇回避努力、③被解雇者の人選基準と人選の合理性、④組合および被解雇者との十分な協議）と同じ基準か、少なくともそれに準ずる免職回避努力義務があると考えるべきであり、それを怠って免職処分をしたときは裁量権を濫用したものとして違法になると解すべきです。

2　裁判例の動き

廃職・過員による分限免職処分が争われたリーディングケースとしては、病院事業の財政再建計画に基づいて炊事員、病棟婦等の現業職員が分限免職された北九州市病院局長事件があります。

この事件で1審の福岡地裁は、「可能な限り配置転換その他免職処分を回避するための措置を講ずべき」として、学校給食調理員として配置転換し得た8名の免職処分を違法としました（福岡地判昭57・1・27判時1055号137頁）。しかし、控訴審の福岡高裁は、任免権者に分限免職を回避するための措置として、余剰人員の配置転換を命ずる義務があるとすることは、

任免権者の人事権、経営権を制肘することを認めることになり妥当でないとし、ただ、「任免権者において職員の配置転換が比較的容易であるにもかかわらず、配置転換の努力を尽くさずに分限免職処分をした場合に権利の濫用となるにすぎない」としました（福岡高判昭62・1・29労判499号64頁）。

この裁判例は、一応、当局の配置転換努力義務について述べていますが、民間の労働者について明確な解雇回避努力義務が必要とされていることと比べると、かなり後退した内容にとどまっています。

また、指定管理者の導入に伴って市長部局への転任選考に漏れた職員11名が分限免職された小美玉市（国保病院職員分限免職）事件でも、水戸地裁は、北九州病院局長事件福岡高裁判決とほぼ同様の判断枠組みを用い、整理解雇の4要件の適用を否定し、「配置転換等の不利益を緩和する措置を採ることが比較的容易であるにもかかわらず、これを考慮しないで直ちに本件免職処分をしたと解することは相当でない」などとし、解雇回避努力義務を明確に認めることなく、原告の請求を却けました（水戸地判平24・11・29労旬1797号56頁）。

しかし、近時、国家公務員の事例ですが、日本年金機構の設立に伴い廃止された旧社会保険庁職員に対する国公法78条4号に基づく分限免職処分について、大阪地裁は、「任命権者において、同処分を回避することが現実に可能であるにもかかわらず、同処分を回避するために努力すべき義務（分限回避義務）を履行することなく同処分をした場合には、当該処分は、任命権者が有する裁量権の範囲を逸脱し又はこれを濫用したものとして、違法なものになるというべき」としました（社保庁（京都）事件・大阪地判平27・3・25裁判所ホームページ）。結論としては、国は分限回避義務を果たしているとされましたが、当局に分限回避義務があることを明確にした注目すべき裁判例といえます。

なお、この判決では、分限回避義務の主体は任命権者が基本であるとしながらも、社保庁廃止に至る経過を踏まえて厚労大臣もまた義務を負うが、政府全体として義務を負うとはいえないとされました。この論理の当否はさておき、自治体においては異なる任命権者間の異動も比較的容易ですから、任命権者の範囲内に限定すべき理由は乏しいといえるでしょう。

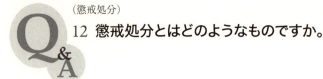

(懲戒処分)
12 懲戒処分とはどのようなものですか。

1 懲戒処分とは何か

懲戒処分とは、職員に職務上の義務違反その他、公務員としてふさわしくない非行があった場合に制裁としてなされる不利益処分であり、免職、停職、減給、戒告の4種類があります（地公法27条3項、29条1項）。

地公法は、職員の身分保障の観点から、懲戒事由を①法令違反、②職務上の義務違反、③全体の奉仕者にふさわしくない非行の三つに限定するとともに、公正原則を定めています（同法27条、29条1項）。

なお、戒告でなく「訓告」と称して、職員に対して口頭での注意などがなされることがありますが、「訓告」は、あくまで事実上の行為であって処分ではないとされています。しかし、「訓告」が懲戒処分としての制裁的な実質を備えるものであれば、脱法行為として違法となると解されています（法制意見昭28・8・3法制局一発74号）。

2 懲戒処分の基準と指針

職員の行為が懲戒事由に該当する場合に、どのような処分を行うかは、任命権者の裁量に委ねられていますが、懲戒処分が社会観念上著しく妥当性を欠き、裁量権を付与した目的を逸脱した場合には、裁量権を濫用したものとして違法となります（神戸税関事件・最判昭52・12・20民集31巻7号1101頁、判時874号3頁）。

また、停職・減給を選択する場合には、「規律や秩序の保持等の必要性と処分による不利益の内容との均衡の観点から、当該処分を選択することの相当性を基礎づける具体的な事情」が認められなければならないとして（東京都教職員国旗国歌訴訟（①ピアノ伴奏拒否事件、②不起立事件）・最判平24・1・16判時2147号127頁）、処分の適法性についてより厳密に判断すべきとされています（Q13参照）。

ところで、国家公務員については、人事院が、懲戒処分の量定の基準に関し、懲戒事由となるべき具体的な行為を類型化し、類型毎にどの種類の

処分を選択すべきかを定めた「懲戒処分の指針について」（平12・3・31職職-68人事院事務総長発）を作成しており、多くの自治体でも同様の指針が定められています。こうした指針が定められている場合、指針に照らして重い処分は平等原則（地公法13条）や公正原則（同法27条1項）に違反すると評価し得る場合が多いと考えられます。

また、懲戒処分の対象となる行為はさまざまな状況との関係で一律の評価になじまない場合もあり、また指針の定める基準それ自体が必ずしも相当ではない場合もありますので、実際の懲戒処分の有無・内容の判断では、形式的に指針をあてはめるだけではなく、個別具体的に事案に即した判断を行う必要があります。

なお、近年の公務員バッシングの中で、条例で懲戒処分などを強化する自治体が現れています。たとえば、大阪市職員基本条例では、職務命令に5回違反した場合または同一の職務命令に3回違反した場合には分限免職とし、懲戒免職とすることも妨げないと定めていますが、このような機械的かつ厳罰に過ぎる規定は、公務員の身分保障に著しく反するものです。

3　懲戒処分の手続と効果

懲戒の手続と効果は、法律に特別の定めがある場合を除くほか、条例で定めなければなりません（地公法29条4項）。条例に告知・聴聞の手続が定められていない場合であっても、不利益処分の対象となる当該公務員の防御の機会を保障するため、憲法31条に基づき、告知・聴聞の機会が与えられるべきです（**Q14**参照）。

また、懲戒処分を行う場合、任命権者は、職員に対し、処分の事由を明示し、処分について審査請求ができる旨および審査請求期間を記載した説明書（処分説明書）を交付しなければなりません（地公法49条1項、4項）。

4　懲戒処分の争い方

非現業については、処分のあったことを知った日から3カ月以内に人事委または公平委に対して審査請求をする必要があります（地公法49条の2、3）。処分の取消訴訟は、人事委または公平委の裁決を経なければ提起することができません（審査請求前置主義、同法51条の2。これに対して、公企・現業・特定地方独法職員は処分を知った日から6カ月以内、または処分があった日から1年以内に取消訴訟を提起することができます。**Q49**参照）。

（職務命令違反と懲戒処分）

13 １回の職務命令違反を理由に減給処分を受けましたが、重すぎないでしょうか。

1 減給処分と判断枠組み

　減給とは、一定期間、職員の給料の一定割合を減額して支給するものであり、懲戒処分の一種です（地公法29条１項）。

　職員の義務違反に対して懲戒処分をするか否か、いずれの処分を行うかは任命権者の裁量に委ねられています。もっとも、その処分が社会観念上著しく妥当を欠き、裁量権を濫用したと認められる場合にはその処分は違法となります（神戸税関事件・最判昭52・12・20判時874号３頁。Q12参照）。

2 職務命令の適法性

　職員には法令等および上司の職務上の命令に従う義務がありますが（地公法32条）、そもそも、職務命令自体が適法なものかどうかを検討する必要があります（Q18参照）。職務命令自体が違法なものであれば、その違反に対して懲戒処分を行うことは、裁量権の濫用となり、違法となります。

　この点が問題になったものとして、公立学校の卒業式において「日の丸」掲揚の際の起立や「君が代」のピアノ伴奏を命じた職務命令をめぐる一連の事件があります。

　これらの事件の最高裁判決の多数意見では、起立やピアノ伴奏を命ずる職務命令は思想・良心の自由を保障する憲法19条に違反しないとされました。これに対し、これらの職務命令が憲法19条に違反する可能性があり、そのような職務命令違反を理由に懲戒処分をすることは違法であるとの反対意見が付されています（東京都教職員国旗国歌訴訟（①ピアノ伴奏拒否事件、②不起立事件）最判平24・１・16判時2147号127頁、東京都国旗国歌予防訴訟・最判平24・２・９判時2152号24頁）。

3 処分の相当性

　職務命令が適法であるとしても、職務命令に１回違反しただけで減給処分とすることは処分が重すぎ、社会通念上著しく妥当性を欠き、裁量権の濫用にあたらないかが問題となります。

懲戒処分の基準に関しては、人事院が「懲戒処分の指針について」（平成12・3・31職職-68人事院事務総長発）を作成していますが、懲戒処分の対象となる行為はさまざまであり、一律の規定になじまない場合や指針の量定自体が必ずしも相当ではない場合もありますので（Q12参照）、懲戒処分が重すぎるかどうかは、処分対象となった事実の軽重、職員のそれまでの勤務実績、対外的な影響など、当該事案の性質等を考慮して判断されることとなります。

　前述の「日の丸・君が代」をめぐる事件でも、最高裁は、戒告を越えてより重い減給以上の処分を選択することについては、事案の性質等を踏まえた慎重な考慮が必要であるとし、減給処分の給与上の不利益の内容や、毎年度2回以上の卒業式や入学式のたびに懲戒処分が累積して加重されると短期間で反復継続的に不利益が拡大していくこと等を勘案すると、戒告を超えて減給処分を選択することが許されるのは相当性を裏付ける具体的な事情が必要であるとしました。その上で、過去の処分歴が1回の入学式での服装等に関する職務命令違反のみにとどまる場合は、減給処分は裁量権の範囲を超えて違法となると判断しています（前掲東京都教職員国旗国歌訴訟最判）。

　また、1回目の職務命令違反は戒告、2回目は減給1カ月、3回目は減給6カ月、4回目で停職、というように処分を加重する取扱いがなされている場合であっても、これを機械的に適用して減給処分や停職処分を行うことは、「行為と不利益との権衡を欠き、社会観念上妥当とはいい難い」（東京都君が代ピアノ伴奏拒否事件・最判平19・2・27判時1962号3頁）とされています。

　これらの裁判例に照らしてみると、1回の職務命令違反でいきなり減給処分を行うことは、裁量権の濫用として違法とされる可能性が高いと考えられます。

(懲戒処分と適正手続)

Q14 処分前に十分な説明もなく、セクハラ発言を理由に懲戒免職となりました。また、相手は拒否しておらず、上司から注意もありません。処分は認められるのですか。

1 公正の原則

地公法は、職員の懲戒については、公正でなければならないと定めています(地公法27条1項)。この「公正」の中には、法に定める事由によるのでなければ懲戒処分を受けることがない(同条3項)という実体的な適法性だけでなく、手続の適正・公平も当然含むと解されています。また、「公正」であるというためには、その処分の程度が過酷でないこと、他の処分との均衡がはかられていることが必要となります。

2 告知・聴聞の機会

地公法は、懲戒処分の手続について、法律に特別の定めがある場合を除く外、条例で定めなければならないとし(同法29条4項)、処分説明書の交付(同法49条1項)の他には明確な規定を置いていません。

しかし、不利益処分の対象となる職員の防御の機会を保障するためには、憲法31条に基づき、告知・聴聞の手続がとられるべきです。

この点、かつては、告知・聴聞の手続は必ずしも必要ではないとした裁判例もありましたが(東京消防庁事件・東京地判昭59・3・29判時1109号132頁)、その後の裁判例は、懲戒制度の趣旨、懲戒手続の構造、懲戒処分の種類等に鑑みてあらかじめ懲戒対象の非違行為の概要を知らせ、その主要な事実の存否につき本人に確認する機会を与える必要があるとしたもの(戒告処分取消請求事件・東京高裁平13・5・30判時1778号34頁)、懲戒処分のような不利益処分、とくに免職処分をする場合には適正手続の保障に十分意を用いるべきであって、その中核である弁明の機会については例外なく保障の必要があるとしたもの(熊本県教委事件・福岡高判平18・11・9労判956号69頁)、懲戒免職処分という重い処分に際しては処分の理由となる具体的事実を告げ、弁明の機会を与えることが必要であるとしたもの(京都市北部クリーンセンター事件・大阪高判平22・8・26労判1016号18頁)などが主流です。

京都市北部クリーンセンター事件では、処分対象行為がセクハラ発言の場合、それまでの当該公務員と相手方の関係や当該発言の会話全体における位置付け、当該発言がされた状況等も考慮する必要があり、当該公務員の性的な発言内容はもとより、その日時をできる限り特定し、発言を受けた相手方の氏名を示す必要があるとして、セクハラ行為の時期や対象、発言内容などを具体的に告げて、弁明の機会を与えていない処分は、手続的に著しく相当性を欠くとして、懲戒免職処分を取消しました。

　したがって、事前の聴取では、いつ・どこで・誰にいった発言が問題となっているのか、十分な説明がなかったような場合には、懲戒免職処分は違法であるといわざるを得ません。

3　相手の拒否や上司の注意

　なお、第三セクター職員のセクハラ発言を理由とする出勤停止処分について、海遊館事件・最判平27・2・26労判1109号5頁は、次のように判断しています。

　①　セクハラ発言を受けた相手（被害者）が明白な拒否の姿勢を示さなかったとしても、被害者が内心でセクハラ発言に著しい不快感や嫌悪感等を抱きながらも、職場の人間関係の悪化等を懸念して、加害者に対する抗議や抵抗ないし会社（職場）への被害申告を差し控えたり躊躇したりすることが少なくないと考えられるので、これを加害者に有利に斟酌することは相当でない。

　②　加害者が懲戒を受ける前にセクハラに対する懲戒に関する使用者の具体的な方針を認識する機会がなかったとしても、加害者が管理職である場合にはセクハラ防止等に関する使用者の方針や取組みを当然に認識すべきであるし、また、加害者が事前に使用者から警告や注意を受けていなかったとしても、セクハラ行為が第三者のいない状況で行われ、被害者から被害申告を受ける前には、使用者がセクハラ行為による被害の事実を具体的に認識して警告や注意等を行い得る機会があったとはいえないことからすれば、これを加害者に有利に斟酌すべきではない。

　このようにセクハラ事案では、相手が拒否していないことや上司から注意を受けていなかったとしても、懲戒処分にあたって有利に斟酌されないことになります。

(飲酒運転と懲戒処分)

Q15 飲酒運転を理由に懲戒免職処分とされましたが、重すぎないでしょうか。

1 懲戒処分の基準・指針

　飲酒運転の危険性・犯罪性に対する社会的な非難が高まったことを背景に、2007（平成19）年に飲酒運転に対する刑法、道路交通法の法定刑が引き上げられました。同様に、多くの地方自治体、教育委員会などで飲酒運転に対する懲戒処分の基準・指針等が見直され、飲酒運転に対する処分が重くなっており、飲酒運転は原則免職処分とする基準・指針を置いている自治体も少なくありません。こうした中で、飲酒運転に対する免職処分の取消しを求める訴訟が少なからずおこされてきました。

　裁判所は、神戸税関事件・最判昭52・12・20判時874号3頁の判断枠組み（Q12参照）を維持しつつ、懲戒事由に該当すると認められる行為の原因、動機、性質、態様、結果、影響等の他、行為前後における態度、懲戒処分歴、選択する処分が他の公務員および社会に与える影響等、諸般の事情を総合的に考慮して、裁量権の逸脱・濫用の有無を判断しています。

2 懲戒免職が取り消された事例

　免職処分が取り消されたものとしては、以下のような例があります。

　①職務と関係のない休日の飲酒で、呼気1リットル中のアルコール濃度が0.15ミリグラム（道路交通法の酒気帯び運転の処罰基準の下限）で、非違行為の性質・態様・結果の点で悪質性がそれほど高くない事例（加西市事件・神戸地判平20・10・8労判974号44頁）、②休日非番の私生活上の行為で、管理職、コンプライアンス対策担当あるいは交通事故防止関係職務ではなく、自損以外の物損・人損の被害がなく、29年の勤務中に懲戒処分や前科前歴がない事例（姫路市消防職員事件・神戸地判平25・1・29労判1070号58頁）、③飲酒後7時間経過してからの運転で、その間に6時間半睡眠しており、飲酒運転の認識がなく、かつそれについて故意に近い重過失があるともいえず、また管理職ではなく、過去に懲戒処分歴がなく、交通違反も速度違反が1件という事例（長野県事件・東京高判平25・5・29判時2205号125頁）、

④呼気1リットル中のアルコールは0.45ミリグラムと高濃度であったが、近所迷惑を回避するためにごく短距離を走行したにすぎない事例（秋田県事件・秋田地判平26・10・31労判1119号88頁）などです。

　これらの事例では、免職処分によってただちに職を失い、収入の道を絶たれるだけでなく、退職手当の全部または一部を失うなど、公務員の有形無形の損害が甚大であることも考慮されて、免職処分が取り消されています。

3　懲戒免職が相当とされた事例

　他方で、懲戒免職処分が当該公務員に深刻な影響を及ぼすことを指摘しつつも、免職処分が相当とされたものとして、以下のような例があります。

　①飲酒運転発覚の端緒となった物損事故の態様が相当危険なもので、事故時のアルコール濃度が呼気1リットルあたり0.7ミリグラムであり、事故時点までの記憶が曖昧で運転開始時点で正常な運転を期待できない状態だった事例（高知県事件・高松高判平23・5・10労判1029号5頁）、②飲酒運転回避が容易だったのに飲酒運転におよび、飲酒検知時のアルコール濃度が呼気1リットルあたり0.54ミリグラムであり、匿名の情報提供に基づいて上司に問い詰められるまで2カ月間報告を怠った管理職の事例（三重県教委事件・名古屋高判平25・9・5労判1082号15頁）などです。

4　飲酒運転についての判断基準

　裁判例をみると、当該公務員が管理職か否か、飲酒から運転までの時間経過、飲酒量および検挙時のアルコール濃度、飲酒運転が発覚したのが検問等によるものか事故を契機とするものか、事故である場合の事故態様（自損、物損、人損）、発覚後の隠蔽の意図の有無等に着目し、悪質性が低い場合には、懲戒免職処分を取り消している例が多いといえます。

　他方で、飲酒運転によって人身事故をおこした場合は、飲酒運転の悪質性が高く、飲酒運転の結果も重大であるため、懲戒免職処分が取り消される可能性は極めて低いといわざるを得ません。

　いずれにしても、飲酒運転について、個別の事情を一切考慮することなく懲戒免職処分とすることは、妥当性を欠くものであり、飲酒運転の態様、当該公務員の地位、処分歴等の事情によっては、懲戒免職処分が重すぎる場合があるといえます。

（内部告発と懲戒処分）

16 内部告発をしたところ、その事実を理由に懲戒免職処分とされましたが、許されるのでしょうか。

1 内部告発とは

内部告発とは、職場内の不正行為や違法行為を認識した労働者が、その事実を職場の上司や監督行政庁、報道機関等に伝えたり、一般に公開するなどして是正をはかり、公共の利益や安全を守ろうとする行為の総称です。

もっとも、内部告発は、場合によっては、告発される側からのさまざまな反撃にあう危険があります。その反撃の最たるものが内部告発をしたことによる懲戒解雇（懲戒免職）です。

懲戒免職処分は、社会観念上著しく妥当を欠き、裁量権を濫用したと認められる場合に違法となりますが（神戸税関事件・最判昭52・12・20民集31巻7号1101頁、判時874号3頁）、この判断枠組みは、内部告発の場合にもあてはまります。そして、この場合の裁量権濫用の判断にあたっては、公益通報者保護法が参考になります。

2 公益通報者保護法と公務員

公益通報者保護法は、「公益通報者の保護を図るとともに、国民の生命、身体、財産その他の利益の保護にかかわる法令の規定の遵守を図り、もって国民生活の安定及び社会経済の健全な発展に資することを目的とする」（公益通報者保護法1条）と規定し、企業や行政等の不正を知った者がこれを是正するために内部告発をした場合に、その告発者を保護し、もって企業や行政等の活動の適正化をはかるものとして制定されています。

公益通報者保護法では、通報対象事実が発生し、または発生しようとしていることを、従業員が不正の目的でなく通報した場合（同法2条）、保護されるべき公益通報をしたことを理由としてなされた解雇は無効となり、解雇以外にも公益通報をしたことを理由とするその他の不利益な取扱い（懲戒処分など）も禁止されます（同法3～5条）。

公務員も公益通報者保護法の対象となります。ただし、非現業については、地公法等において身分保障等が規定されているため、公益通報者保護

法7条で、公務員の任命権者等に対して、公益通報をしたこと理由とした免職その他不利益な取扱いがなされることのないよう公務員法制を適用しなければならない旨規定しています。

内閣府では、行政機関内部の職員からの通報処理等を適切に行うための参考とするため、「国の行政機関の通報処理ガイドライン（内部の職員等からの通報）」を公表し、通報者等の保護を求めています。

3 公益通報者保護法の限界

しかしながら、公益通報者保護法の定める手順は厳格に過ぎるため、これを機械的に適用すると、不都合を生じます。そもそも、同法の制定以前から、労働者の内部告発や使用者に対する批判は、真実性ないし真実相当性等を基準に保護されてきました（**Q81**参照）。したがって、同法の定める手順に則って行った内部告発が適法であることはいうまでもありませんが、必ずしも同法の定める手順に則っていなくても、当該告発の内容とその社会的重要性、当該労働者の告発の目的とその態様、当該労働者の置かれていた客観的事情などに照らして、社会的に相当といえる場合には、内部告発を理由とする懲戒処分は許されないというべきです。

この点、内部告発により不適切な公務の是正が図られたことを有利な事情として考慮すべきであるとして、懲戒免職処分を重きに失するとした裁判例があります（大阪市河川事務所事件・大阪地判平成24・8・29労判1060号37頁）。

なお、近年は、自治体の法令遵守や倫理の保持について組織的に取り組む観点から、行政が公益通報を行った職員に対し、そのことを理由に不当な不利益を受けないように保障することを定める条例を制定する自治体もでてきています。

（懲戒免職と退職手当）
17 懲戒免職された場合の退職手当はどうなりますか。

1 懲戒免職処分と退職手当の関係

　2008（平成20）年、国家公務員退職手当法（退手法）が改正され、それに伴い、各地方公共団体の退職手当条例が、順次改正されています。

　改正前の退手法では、懲戒免職処分の効果として退職手当が支給されない旨規定されていましたが、改正法では、懲戒免職処分と退職手当の支給制限処分は別個の制度として規定されました。

　具体的には、懲戒免職処分を受けて退職した場合には、「当該退職した者が占めていた職の職務及び責任、当該退職をした者が行った非違の内容及び程度、当該非違が公務に対する国民の影響に及ぼす影響その他の政令で定める事情を勘案して、当該一般の退職手当等の全部又は一部を支給しないこととする処分を行うことができる」とされました（退手法12条、同法施行令17条）。

　このように退手法の改正で、一般の退職手当等の全部または一部の不支給処分ができることになったことによって、退職手当等支給制限処分は、懲戒免職処分の是非とは別に決定されることになります。

2 退職手当支給制限処分を争う場合

　退職手当支給制限処分に対しては、自治法206条および行審法に基づく審査請求ができます。

　もっとも、退職手当の支給制限処分は、地公法が定める不利益処分ではないとされています。

　そのため、懲戒免職処分および一般の退職手当の支給制限処分を受けた公務員は、懲戒免職処分については、人事委または公平委に審査請求をし、その裁決を経た後でなければ取消訴訟を提起できませんが（審査請求前置主義）、退職手当の支給制限処分については、審査請求をすることなく、直接、取消訴訟を提起することもできます（行訴法8条1項、奈良県警事件・奈良地判平25・1・17判例秘書）。

3　公務員の退職金の支給制限に関する判例

　京都市中学校の教頭が、飲酒運転によって交通事故をおこしたことを理由として、懲戒免職処分および一般の退職手当を全部不支給とする退職手当支給制限処分を受け、懲戒免職処分自体は争わないとしながら、退職手当支給制限処分についてのみ取消しを求めた事案では、一審判決は、「本件非違行為が、……永年の勤続の功績をすべて抹消するほどの重大な背信行為であるとまでは到底いえ」ず、「退職手当の全部を不支給とする本件処分は、社会通念上著しく妥当を欠き、裁量権を濫用したと認められるので、違法であり、取り消されるべきである」としました（京都市教委事件・京都地判平24・2・23労判1054号66頁。もっとも、控訴審の大阪高判平24・8・24公務員関係判決速報418号16頁は原判決を取り消しました）。

　その後も、懲戒免職処分を適法としながら、退職手当の全部不支給処分を取り消した裁判例（岩手県教委事件・盛岡地判平24・12・21判例秘書—県立高校教諭の酒気帯び運転事案、東京都事件・東京地判平26・6・5判例自治395号39頁—バス運転手の料金収受における服務規律違反等の事案）、全部不支給処分を適法とした裁判例（串間市事件・福岡高宮崎支判平26・12・24判時2266号36頁—セクハラ事案）があります。

　この問題については、民間の労働者の事例と比べて公務員に厳しい判断がなされる傾向がありますが、退職手当が給料の後払いの性格をも有することに鑑みれば、支給制限が適法とされる場合は限定されるべきです。

　この点、前掲の京都市教委事件は、民間の労働者の事例と同様の基準に基づき全部不支給処分を取り消した点で参考になります。

（職務命令と服務規律）

18 市の方針に反することを外部で発言するなという職務命令は拒否できませんか。

1 違法・不当な職務命令

しばしば、労働者の個人の自由に干渉するような指示・指導が行われることがあります。大阪都構想の当否についての「箝口令」や、勤務時間終了後の宴会を禁止する「禁酒令」はマスコミにも取りあげられたところです。このほか、「警察から取調べを受けたら上司に報告せよ」といったプライバシーに立ち入るような例もあります。

これらが単なる「要請」としてなされたものであればともかく、職務命令としてなされた場合、その効力が問題となります。

2 職務命令の拘束力

地公法は、職員の法令等に従う義務（法令遵守義務）とともに、上司の職務上の命令に従う義務（職務命令遵守義務）を規定しています（地公法32条）。職務命令には、「職務上の上司」から発せられる職務の執行に直接関係する命令だけでなく、「身分上の上司」から発せられる身分上の命令（病気療養の命令など）も含まれると解されています。

これらの職務命令が違法なものである場合、これに従う義務があるとすれば住民等が被害を受けますが、他方で、部下の判断で拒否してよいとなると組織の統制がとれません。そこで今日の通説は、職務命令を拒否できるのは、「重大かつ明白な瑕疵」がある場合に限られるとしています。逆に、「重大かつ明白な瑕疵」があるとはいえない職務命令に従ったとしても、職員が行為および結果に対して責任を問われることはありません。

なお、国歌斉唱等をしなかったことを理由に懲戒処分を受けた教職員を対象とする再発防止研修命令について、「自己の思想、信条に反すると表明する者に対して、何度も繰り返し同一内容の研修を受けさせ、自己の非を認めさせようとするなど、公務員個人の内心の自由に踏み込み、著しい精神的苦痛を与える程度」のものは違憲違法の問題を生じうるとした裁判例があります（東京都教委事件・東京地決平16・7・23判時1871号142頁）。

3　違法な職務命令と懲戒処分

仮に、職務命令に拘束力が認められる場合でも、命令違反に対する制裁として行われた懲戒処分が当然に有効となるわけではありません。違法な職務命令に違反したことを理由とする懲戒処分は違法ですし、仮に適法な職務命令であったとしても、懲戒処分は違法とされる場合もあります（**Q13**参照）。

4　公務員の言論の自由と職務命令

公務員には市民に対する説明責任があります。職務遂行過程において、市民から質問を受けたときに、客観的な事実や合理的に予想される事柄を伝えるのは、むしろ公務員の責務です。したがって、ことさらに虚偽の事実を述べたような場合でない限り、問題とされる余地はなく、このことを禁じる職務命令は、その権限を逸脱したものというべきです。

また、勤務時間外の私的時間については、自由に言論活動を行うことができますし、その内容が市の方針に反するものであったとしても、それを職務命令違反その他の非違行為とすることは許されません。

5　違法な職務命令と損害賠償

違法な研修命令を受けた教育公務員からの損害賠償請求が認められた事例として大阪市事件があります。第1審（大阪地判昭54・10・30判時963号111頁）は、「命令研修を行うについても一定の制約が課せられていることはいうまでもなく、命令研修の本来の範囲を逸脱することはもとより、教職員の権利を不当に侵害し、研修の本質を著しく逸脱し、裁量権を濫用したと認められる場合には、当該研修命令は違法と解すべきである」と判示し、最高裁も違法の結論を支持しました（最判昭61・10・16労判484号11頁）。

6　意見具申権の活用

旧国公法98条ただし書は、「職員は……上司の職務上の命令に対しては、意見を述べることができる」として意見具申権の保障を規定していました。現在の地公法にはその明文はありませんが、職員は当然に意見具申権をもつものと考えられます。疑問のある職務命令に対する対応として、上司への意見具申権を活用してください。

（職務専念義務）

Q19 勤務時間内に私的にスマートフォンを見たりメールを送受信することは一切許されないのですか。

1 職務専念義務とは

　地公法は、「職員は、法律又は条例に特別の定めがある場合を除く外、その勤務時間及び職務上の注意力のすべてをその職責遂行のために用い、当該地方公共団体がなすべき責を有する職務にのみ従事しなければならない」と定めています（地公法35条）。

　この職務専念義務について、目黒電報電話局事件・最判昭52・12・13民集31巻7号974頁は、「職員がその勤務時間及び職務上の注意力のすべてをその職務遂行のために用い職務にのみ従事しなければならないことを意味するものであり」、職務専念義務違反が成立するためには、「現実に職務の遂行が阻害されるなど実害の発生を必ずしも要件とするものではない」と述べています（大成観光（ホテルオークラ）事件・最判昭57・4・13判時1042号140頁も同旨）。この考え方によれば、私的にスマートフォンを見たり、メールを送受信することは、身体的にも精神的にも職務の遂行に向けられていない行為に該当する以上、一切許されないということになります。

　しかし、実際には、職員も社会生活を送っている以上、勤務時間中に私的な連絡をとることが一切許されないわけではありません。携帯電話やスマートフォンがない時代は、外部から職場に私的な電話がなされていました。子を養育している職員は、勤務時間中に学校や保育園からの電話に対応する必要もあります。職場における私語、コーヒーなどを飲むこと、喫煙などの私的行為についても、社会通念上相当な範囲では認められるべきです。

2 社会通念上相当な範囲とは

　オリエンタルモーター事件・東京高判昭63・6・23労判521号20頁は、「通常の私企業における労働者の職務専念義務は、これを厳格に把握して精神的肉体的労働の全てを職務遂行に集中すべき義務と解すべきではなく、労働契約上要請される労働を誠実に履行する義務と解すべきであるから、

労働者は就業時間中は使用者にいわば全人格的に従属するものと解すべきではなく、労働契約上の義務と何ら支障なく両立し使用者の業務を具体的に阻害することのない行為は、必ずしも職務専念義務に違背するものではないと解するのが相当である」としました。

　この判決は私企業における組合活動について述べたものですが、自治体においてもこれと異なるものではありません。

　また、グレイワールドワイド事件・東京地判平15・9・22労判870号83頁は、私的メールの送受信について、労働者といえども個人として社会生活を送っている以上、就業時間中に外部と連絡を取ることが一切許されないわけではなく、就業規則等に特段の定めがない限り、職務遂行の支障とならず、使用者に過度の経済的負担をかけないなど社会通念上相当と認められる限度で使用者のパソコン等を利用して私用メールを送受信しても上記職務専念義務に違反するものではない」と述べた上、就業時間内に送受信されたメールが1日あたり2通程度という事案について、社会通念上相当な範囲内であり、職務専念義務には違反しないと判断しました（なお、上記事件は会社から貸与されたパソコンを利用したメールの送受信が問題となった事案でした。全国建設工事業国保組合事件・札幌地判平17・5・26労判929号66頁も同旨）。

　このように、スマートフォンを見たりメールを送受信する時間、頻度、内容、また、他の職員の私的行為の有無・程度に照らして、社会通念上相当な範囲内であれば、職務専念義務には違反しないと解されます。たとえば、学校・保育園・介護施設や家族からの連絡であれば許されるでしょうし、友人に対するメールでも回数が少なければ相当な範囲内といえるでしょう。しかし、出会い系サイトへのアクセスなどは回数が少なくてもこれを相当とすることは難しいでしょう（K工業技術専門学校事件・福岡高判平17・9・14労判903号68頁）。

（営利企業等の従事制限）
Q20 勤務時間外に副業を行うことは許されますか。

1 営利企業等の従事制限

　一般職の地方公務員（公企・現業を含む）は営利企業等の従事が制限されています（地公法38条、地公企法39条1項。これに対し、特別職にはこれらの規定は適用されません。地公法4条2項）。

　すなわち、任命権者の許可を得なければ、①営利を目的とする私企業を営むことを目的とする会社その他の団体の役員その他人事委規則等で定める地位を兼ねること、②自ら営利を目的とする私企業を営むこと、③報酬を得ていかなる事業もしくは事務に従事することはできません。

　これは、服務の根本基準（職員は、全体の奉仕者として公共の利益のために勤務し、全力をあげて職務遂行に専念しなければならない。同法30条）、職務専念義務（同法35条）、信用失墜行為の禁止（同法33条）などの規定を受けたものです。

　この制限に該当する場合は許可が必要ですが、許可については、①職務遂行上能率の低下をきたすおそれの有無、②当該営利企業と当該自治体との利害相反関係や職務の公正を妨げるおそれの有無、③職員および職務の品位を損ねるおそれの有無の3点から判断されるべきと解されています。

　以下、三つのケースを例にみていきます。

2 実家のマンション経営を手伝う場合

　「営利を目的とする私企業」とは、商業、工業、金融業等の業態のいかんを問わないので、実家のマンション経営といえども、営利を目的とする以上、これに該当します。

　次に、「勤務時間外に手伝うこと」が、「役員その他人事委員会規則で定める地位を兼ねること」、「自ら……営むこと」、または「報酬を得ていかなる事業もしくは事務に従事すること」に該当するかが問題となりますが、実質的に「手伝う」といえる程度であれば、該当しません。

　しかし、自ら営んでいると評価できる場合、または、報酬を得ていると

評価できる場合は、たとえ勤務時間外でも該当することになります。そのような場合は、任命権者の許可を得る必要があります。

　この点、勤務時間が短く、給与も低額であるような場合には、職務専念義務を害する危険がなく、許可が認められるべきです。

3　実家の農業を手伝う場合

　実家の農業を手伝う場合は、自家消費を目的とする小規模のものであれば、「営利を目的とする私企業」に該当しないとされています。

　これに対し、営利を目的とする場合には、「営利を目的とする私企業」にあたりますが、これを「手伝う」といえる程度、たとえば、父親や配偶者の農業経営を、無償で農作業を行い協力している程度であれば、許可なく行うことができるでしょう。そうではなく、自ら営んでいると評価できる場合、または、報酬を得ていると評価できる場合は、たとえ勤務時間外でも該当することになります。この場合、任命権者の許可が必要となります。

4　大学の非常勤講師になる場合等

　大学（私立大学を含む）は営利目的とはされていないので、「営利を目的とする私企業」とはいえませんが、非常勤講師として給料を受け取ることは、「報酬を得ていかなる事業もしくは事務に従事」することにあたります。

　これに対し、講演料、原稿料などの謝金、実費弁償としての車代などは報酬には該当しないと解されています（国家公務員につき人事院行実昭27・10・2給実甲57号）。

　なお、勤務時間内に、大学で非常勤講師として講義すること、論文を寄稿すること、講演をすることについては、各都道府県の条例、人事委員会規則等で、職務専念義務の免除の承認手続を定めている場合がありますので、その場合には、条例・規則等に従い、職務専念義務の免除の承認を得る必要があります。

（異職種への異動）
Q21 保育士に対して本庁の事務職への異動を命ずることは許されますか。

1 転任とは

　地方公務員の異動は昇任、降任、転任のいずれかにあたります（Q1参照）。このうち、降任は分限処分として法定の事由に該当しなければできませんが（地公法27条2項）、転任（同一の職級の他の職員の職に任命すること）は、いわば水平移動であることから、原則として任命権者の裁量に委ねられており、不利益処分にもあたらないとされています。

　たとえば、市立中学校教員に対する同一市内の他中学校への配置換えについては、その身分、俸給等に異動を生ぜず、勤務場所、勤務内容等においてもなんらの不利益を伴うものではないという理由で、不利益処分にはあたらないとされています（吹田二中事件・最判昭61・10・23労判484号7頁）。

2 不利益処分といえる場合

　しかし、転任がいかなる場合にも地公法49条の不利益処分にあたらないとされているわけではありません。

　たとえば、県立高校教諭から指導主事など事務局等への転任処分について、業務内容を異にする職種への転任であること、前例がほとんどないこと、指導員は係長以上の職につくことができないことを指摘して不利益処分にあたるとしたもの（芦屋市事件・大阪高判平13・10・19判例自治232号51頁）、54歳になるバス運転手の運輸課（デスクワーク）への転任が、「これまで従事してきた職務により得られた経験や技能を活かすことが困難となる一方で、新たな知識や技術等の習得が一から必要となること」から取消しの利益があるとしたもの（大阪市交通局長事件・大阪高判平27・6・18労判1122号18頁）があります。また、土地開発公社事務局長から教委事務局参事等への転任につき、形式的には転任だが「その実質は、降任に準じた内容を備えた不利益な処分」だとして損害賠償を認めたものもあります（日田市事件・大分地日田支判平14・3・29労判829号65頁）。

　このように、実質的に不利益性が認められる場合には、地公法49条の不

利益処分として審査請求の対象となります。

　なお、公立学校教員の転任については、職務の性質、学校の規模、当該学校に対する社会的評価の程度等も不利益処分に該当するか否かの判断要素となるとされています（昭26・7・20法務府法意一発44号）。

　また、身分や給与等に変動がなくとも、不当労働行為にあたるような転任は不利益処分にあたると考えられます。

3　裁量権濫用の判断基準

　民間の配転については、使用者が配転命令権を有する場合でも、①業務上の必要性がない場合、②配転命令が、不当な動機・目的をもってなされた場合、③労働者に対し通常甘受すべき程度を著しく超える不利益を負わせるものであるときは、権利の濫用となるとされています（東亜ペイント事件・最判昭61・7・14労判477号6頁）。公務員の転任処分についても、裁量権を濫用した場合には違法となりますが、その判断にあたってはこの指標が参考になります。

　とくに、①業務上の必要性に関しては、専門職として採用した職員を異職種に転任させるような場合には、合理性に疑問が生ずることがあり、転任の必要性の有無が吟味されなければなりません。たとえば、市民病院の神経科医から市民部健康課への異動を命じた処分について、必要性に疑問がある上、市長に批判的な立場をとる医師らの責任者を病院外に配置したものなどとして、取り消した例があります（町田市民病院事件・東京地判昭53・7・18労判302号45頁）。

　また、②不当な動機・目的としては、たとえば職員を退職に追い込むための配転、あるいはセクハラやパワハラを告発したことへの報復や、労働組合活動を嫌悪した場合などが考えられます。

　さらに、③配転による職員の不利益については、転勤先への通勤時間・距離や、転居による家族への影響などが考えられます（Q22参照）。なお、この不利益性は業務上の必要性との比較衡量の上で、通常甘受すべき程度を超えているか否かが判断されるべきです。

(遠隔地への転勤)

22 自宅から遠い事務所への転勤を命じられましたが、朝夕の保育所の送迎に支障をきたすことになります。応じなければなりませんか。

1 遠隔地転勤の不利益処分性

　地方公務員の勤務場所の変更を伴う転任は、原則として同一自治体内となりますが、県職員などが県内遠隔地や東京事務所等に転任を命じられたりすることもあります。

　この点、自治体職員に関して、育児・介護等の家族的責任を理由に遠隔地への転任処分を拒否して正面から争われた裁判例はまだありませんが、民間労働者に関する東亜ペイント事件最判の判断基準が参考になります。すなわち、地方公務員の転任処分も、①業務上の必要性がない場合、②不当な動機・目的でなされた場合、③通常甘受すべき程度を著しく超える不利益を負わせるものである場合は、「客観的、実際的見地からみて勤務場所、勤務内容等に不利益を伴うもの」として「不利益な処分」にあたり、かつ、違法な処分として取り消されるべきです（**Q21**参照）。

2 家族的責任をめぐる裁判例の変遷

　しかし、東亜ペイント事件最判は、同居の母親や保母として働く妻を残して神戸から名古屋に単身赴任を余儀なくされる不利益は、通常甘受すべき程度を著しく超えるものといえないとして、当該転勤命令を有効と判断しました。これに対しては、企業の論理を最優先するものとして強く批判されましたが、その後も、裁判所が労働者の家族的責任よりも企業の都合を優先する傾向は続きました（帝国臓器（単身赴任）事件・東京高判平8・5・29労判694号29頁—東京から名古屋への単身赴任の事案、ケンウッド事件・最判平12・1・28労判774号7頁—3歳児を保育園に預けて働いている共働き女性に対する東京都目黒区から八王子市への配転命令の事案等）。

　ところが、2000年代に入り、深刻化する少子高齢化問題への対応を迫られた政府は、労働者の家庭生活に対する配慮を重視する政策を打ち出しました。

　2002（平成14）年4月に施行された改正育介法26条は、使用者に対して

就業場所の変更を伴う配転を行う際に、「当該労働者の子の養育又は家族の介護の状況に配慮」することを求め、2007（平成19）年12月にはワーク・ライフ・バランスに関する憲章および行動指針が策定されました。2008（平成20）年３月に施行された労契法３条３項は、「仕事と生活の調和」への配慮を労働契約締結・変更の基本理念としてうたっています。

　このような社会状況の変化を受けて、通常甘受すべき程度を著しく超える不利益を負わせるものとして、転勤命令が権利濫用にあたり無効と判断する裁判例も増えています。

　その嚆矢は、躁うつ病等を患う子らのフォローの必要性を根拠に長距離配転の効力を否定した北海道コカ・コーラボトリング事件・札幌地決平９・７・23労判723号62頁でした。その後、明治図書出版事件・東京地決平14・12・27労判861号69頁は、アトピー性皮膚炎の子をもつ労働者の東京から大阪への配転について、日本レストランシステム事件・大阪高判平17・１・25労判890号27頁は、定期的な観察・治療の必要な心臓病の子をもつ労働者の大阪から東京への配転について、ネスレ日本（配転本訴）事件・大阪高判平18・４・14労判915号60頁は、精神病の妻がいたり、高齢で徘徊傾向が顕著な母親と同居していたりする労働者らの姫路から霞ヶ浦への配転について、いずれも配転命令権の濫用にあたり無効としました。

　また、NTT西日本事件・大阪高判平21・１・15労判977号５頁は、父母の介護等への支障にもかかわらず大阪から名古屋への新幹線通勤による配転強行について慰謝料の支払いを命じました。

　育児・介護に割く時間の必要性や夫婦・家族で過ごす時間の重要性に配慮し、「仕事と生活の調和」を追求すべきことは、自治体職員も変わりありません。企業の都合を最優先してきた裁判例は、過去の異常な「企業社会」の反映にすぎません。家族的責任をまっとうできないような不当な転任を許さない取組みが必要です。

(派遣)

23 他の自治体や第三セクター、民間企業等への派遣を命じられた場合の身分や勤務条件はどうなりますか。

1 職員の派遣

地方公務員が他の自治体や第三セクター、民間企業などに「派遣」される例があります（これは、民間の雇用関係における出向・転籍にあたります）。これには、①他の地方自治体への派遣、②公社などへの派遣、③研修名目での派遣などがあります。

2 他の地方自治体への派遣

(1) **自治法派遣** 自治法は、自治体間の職員の派遣に伴う身分取扱いについて定めており、この規定に基づく職員派遣を「自治法派遣」といいます。この場合の派遣職員は、派遣元と派遣先双方の職員の身分を有することになります（自治法252条の17）。

派遣職員の給与・手当（退職手当を除く）・旅費は派遣先、退職手当は派遣元が、それぞれ負担するのが原則ですが、特別の事情がある場合は、双方の協議により、派遣先が退職手当の全部または一部を負担することができることになっています。なお、ここで負担というのは財政上の負担を意味し、実際の支払いは派遣元・派遣先どちらが行ってもよいとされています。

派遣職員の身分については、派遣元の職員に関する法令が適用されるのが原則ですが、双方の協議によって派遣先の職員に関する法令を適用することもできるとされています（自治法施行令174条の25第3項）。

このように、自治法派遣では基本的事項は法定されていますが、双方の協議で弾力的な対応を行うことが可能とされています。

(2) **自治法派遣以外の派遣** 自治法派遣以外にも、災害対策基本法29条～32条、武力攻撃事態等における国民の保護のための措置に関する法律（武力攻撃事態等措置法）151条～154条は、自治体職員の他の自治体への派遣を個別立法で認めています。

3　公社等の他団体への派遣

　公益的法人や第三セクター等営利法人への派遣については、公益的法人等への一般職の地方公務員の派遣等に関する法律（職員派遣法）で定めています。同法は、職務専念義務を免除して商工会議所へ職員を派遣しながら給与を自治体が負担していたことが服務の根本基準を定める地公法30条や職務専念義務を定める同法35条、そして給与の根本基準を定める同法24条1項の趣旨に反した場合には違法になるという判例（茅ヶ崎市（違法支出金）事件・最判平10・4・24労判737号7頁）を受けて整備されたものです。

　職員派遣法では、公社等の公益的法人への派遣と、第三セクター等の特定法人への派遣が認められています。

　公益的法人への派遣は、公務員としての職を保持したまま行い（職員派遣法4条2項）、期間満了時には復職し（同法5条2項）、その期間は原則3年以内（延長する場合も5年以内）とされています（同法3条）。また、一部の例外を除いて、地方自治体からは給与を支給しないとされています（同法6条）。

　特定法人への派遣は、いったん公務員としては退職扱いがなされ、派遣期間満了した場合には再度採用されるものとされます。派遣期間は3年以内とされ（同法10条）、その期間中は当然地方自治体は給与を支払いません。

　公益的法人、特定法人、いずれの派遣の場合も、退職手当の取扱いに関しては、派遣期間を在職期間に含める扱いになっています。

4　研修名目での派遣

　地方公務員が、国や他の地方自治体、民間企業等へ、研修の一環として派遣される場合があります。この場合には、基本的に派遣元の地方公共団体の公務員の地位のままということになり、身分保障上の問題はありません。なお、研修名目での外部団体への支援として公金支出の違法性が争われたケースもあります（東京高判平20・9・11裁判所ホームページ）。

◎コラム
懲戒処分の濫用と政治による不当な行政支配

　近年、公務員バッシングの風潮を背景に、公務員に対する懲戒処分を強化する動きが強まっています。大阪維新の首長の下、大阪府や大阪市では、条例による懲戒処分等の強化がなされ、職務命令違反を重罰化し、処分の公表を定め、指導研修を課し、命令違反の回数を機械的な目安とする分限免職を認め、懲戒免職とすることも妨げないとしています。また、東京都や大阪府では、卒業式などで日の丸に向かって起立しなかったり、君が代を斉唱しなかったり、君が代のピアノ伴奏を拒否したりした公立学校の教職員などを停職や減給、戒告とする懲戒処分が頻発しています。

　こうした懲戒処分の濫用は、日本国憲法下での公務員制度を正面から否定するものです。憲法15条2項は、「すべて公務員は、全体の奉仕者であって、一部の奉仕者ではない」と定めています。これは、戦前・戦中の官吏が「天皇の官吏」だったことへの反省から定められたものです。そして、国民全体の奉仕者であるためには、公務員が一部の政治権力による不当な支配や影響を受けないようにしなければなりません。公務員に対する人事行政の公正中立性の確保は、憲法に基づく公務員制度の中核をなすものです。このことを踏まえて、地公法は、成績主義や公務員の身分保障（Q6参照）を定めています。職務命令を絶対のものとして、その時々の首長の政策や意向に公務員を服従させるような懲戒処分の濫用は、違法なものといわざるを得ません（Q12、Q13参照）。

　近時の懲戒処分の濫用の動きは、政治権力による不当な行政支配であって、公務員の中立公正を害し、全体の奉仕者として国民への行政サービスを充実させるという本来の公務員の役割を損なうものにほかなりません。

第3部

給与

（勤務条件条例主義）
24 自治体職員の給与や勤務条件は
すべて条例で決めなければならないものですか。

1 勤務条件条例主義
　非現業については、「給与、勤務時間その他の勤務条件は、条例で定める」（地公法24条5項、自治法204条3項）とされ、これに基づかない支給はできないとされています（地公法25条1項、自治法204条の2）。これを、勤務条件条例主義（給与に関して述べる際は給与条例主義）といいます。
　勤務条件条例主義の趣旨は、地方公務員、とりわけ非現業が全体の奉仕者であり、また、その給与の原資は自治体の財政に依拠していることから、その勤務条件を住民代表の議会による民主的統制のもとに置くとともに、勤務条件を条例という法規範で客観的に定めることによって、使用者である当局の恣意を排し、職員の身分と生活を保障しようとしたものとされています。
　他方で、非現業も、憲法28条の「勤労者」として団結権が保障されており、これを受けて地公法55条も職員団体の団体交渉権を定めているのですから、議会の条例制定権といえども、これを侵害することはできません（Q26、68参照）。
　本来、非現業の勤務条件は、使用者である当局と職員団体との団体交渉で具体化した結果を、首長が議会に提案し、議決を得て決められるべきものです。議会は、労働基本権尊重の見地から、労使交渉の結果をできるだけ尊重すべきであり、ただ、その内容が社会的にみて不合理な場合や、給与額が財政状況に鑑みて不相当といえる場合などにのみ、これを合理的な範囲内で修正できるものと解すべきです。

2 条例で定めるべき勤務条件の程度
　勤務条件条例主義といっても、勤務条件の詳細までを条例で定めることが要求されているわけではありません。そもそも議会は、現場の勤務実態をすべて把握できる立場にはありませんから、条例で定めることのできる事項にはおのずと限界があります。そこで、条例の委任により、首長の定

める規則で具体的に定めることになるのですが、規則ですべての事項をあらかじめ決めておくのも非現実的であり、結局、職場に生起する問題を解決していくためには労使協議が不可欠です。これは、非現業の団結権保障の趣旨からも当然のことといえます。

このように、給与や勤務時間等の勤務条件のすべてを条例で定めることは非現実的で妥当性を欠くことから、勤務条件条例主義とは、給与の額および支給方法その他勤務条件の基本的事項が条例に定められていれば足り、給与の詳細や勤務時間、休日・休暇等の具体的な部分については、これを規則等に委ねることができると解すべきです。

この点、常設的な事務に従事する臨時職員に対する給与について、茨木市事件・最判平22・9・10民集64巻6号1515頁、判時2096号3頁は「給与の額及び支給方法に係る基本的事項」が条例で定められるべきとしています。

なお、手当の種類については、扶養手当、地域手当など26種類が定められており（自治法204条2項）、これは法律の制限列挙であって、条例でそれ以外の手当の項目を新設することはできないとされています。

3　公企・現業について

公企・現業はその職務内容が私企業の従業員に近いため、非現業と異なり、勤務条件条例主義の適用はなく（地公企法39条1項、地公労法17条1項、地公労法附則5項）、勤務条件の中心である給与については、「種類と基準」のみを条例で定め、その細目は、労働協約・就業規則等によるものとされています。その他の勤務条件については、法律上、条例で定めるべきものとはされていません。

公企・現業には、民間労働者とほぼ同様に団体交渉に基づく労働協約の締結権が認められており、この労働協約と条例・規則が抵触する場合には、必要な条例・規則の改正手続がとられなければならないとされています（地公労法8条、9条）。

（人事評価）

Q25 人事評価制度にはどのような問題がありますか。納得できないときは争えますか。

1　人事評価制度とその問題点

　人事評価とは、「任用、給与、分限その他の人事管理の基礎とするために、職員がその職務を遂行するに当たり発揮した能力及び挙げた業績を把握した上で行われる勤務成績の評価」をいい（地公法6条1項）、昇任・昇格・昇給、免職・降任・降格・降号、勤勉手当、人材育成など人事管理のさまざまな場面で活用するものとされています（同法23条2項）。

　これは、2007（平成19）年改正国公法に合わせる形で、2014（平成26）年改正地公法により導入されたもので（2016（平成28）年4月施行）、従来の勤務評定制度に代わるものです。総務省は、これは従来からの勤務評定と変わることはなく、定義・位置付けを明確にし、能力・実績主義を実現するための手段として客観性・透明性を高めたものしています。しかし、人事評価制度は、「発揮した能力」、「挙げた業績」という評価対象から明らかなように、顕在化した能力を評価する成果主義（コンピテンシー評価）に基づくものであり、かつ、評価結果を人事管理に必ず反映させるという点で、能力・成果主義を強化するものです。

　一般に、「能力」評価というものは、客観的基準を定めにくく、評価者の主観的・不明瞭な判断にならざるを得ません。「業績」についても、住民福祉を対象とする公務職場において一体何を「業績」とするのか不透明さが残ります。

　また、能力・成果主義には、一般に、①視野が短期的になり長期的ビジョンがもてなくなる、②「目標」以外の取り組みに消極的になり、具体的な職務記述の困難なホワイトカラー職場やチームワークが必要な職場の生産性が低下する、③先輩が後輩に仕事を教えなくなり、OJT機能が失われ、若手へのスキルやノウハウの継承が困難となる、④管理者の目標管理・評価の労力が大きい、⑤どういう職場に配属されるかといった偶然の要素によって処遇が大きく異なり労働者の不公平感・不条理感が高まる、⑥「勝

ち組・負け組」が固定化して「負け組」のモラール（士気）が低下する、⑦長時間過密労働・メンタルヘルス問題をまねくなどの問題が指摘されているところです。このため、一時のブームに乗ってこれを導入した民間企業においても見直しが進められています

このような人事評価制度が、常に給与とリンクすることになれば、首長や上司の顔色ばかりうかがう公務員、数値的な目標達成を至上命題とし個々の住民に対するきめ細やかな対応を蔑ろにする公務員が生み出されるおそれがあります。さらに、集団的な労使の交渉において賃金など労働条件を決定するというルールも破壊されます。

給与に関しては職務給、生活給の原則（地公法24条）を踏まえた公正な人事評価のあり方が構築されるべきです。

2　人事評価に納得できないとき

人事評価に納得できない場合、職員は、人事評価に基づく具体的措置の違法・不当を理由に、人事委・公平委に対して措置要求（地公法46条）を行うことができます。

旧勤務評定制度においても、勤務評定そのものは「職員の執務の状況を把握、記録するもの」で「勤務条件」にあたらないが（昭35・5・8自丁公発62号）、勤務評定に基づく具体的措置に関しては措置要求は可能とされていました。

昇給延伸につき、その前提となった勤務評定の一部が「事実に基づかないか又は誤認した事実に基づいた」ものであったことを考慮し、当該判定を違法と判断したものがあります（三浦健康学園事件・東京地判平22・5・13労旬1726号54頁。東京都事件・東京地判平22・5・28労判1012号60頁も参照）。この理は、新しい人事評価制度にもあてはまります（Q48参照）。

3　人事評価の開示請求

人事評価の具体的内容は、当該職員にとって重要な個人情報ですから、自己決定権の尊重の観点からも、また、当該職員の納得性を高め、ひいては全体の生産性向上を導く観点からも、結論・理由ともに開示されるべきです。職員自らの勤務評定結果および理由を記載した書面の開示請求について、これを否定した裁判例もありますが（高槻市事件・大阪高判平13・10・12判例自治229号34頁）、改められるべきです。

（給与条例による削減）

Q26 市長が、財政事情の悪化を理由に職員の給与を10%削減すると表明していますが、認められるのですか。

1　地方公務員の給与決定原則

　近年、公務員バッシングの風潮の中で、公務員の賃金が高すぎるというキャンペーンが張られ、これに便乗する首長や議会が地方公務員の賃金を引き下げる条例を提案するケースが相次いでいます。しかしながら、労働基本権を制限されている公務員の賃金を一方的に引き下げるのは、公務員の権利の面でも、また、これが民間の賃金の引き下げの理由とされるという点でも、違法・不当といわざるを得ません。

　たしかに、地公法は、非現業について給与条例主義を定めています（Q24参照）。しかし、条例でどのような定めをしてもよいというわけではありません。

　地公法は、平等取扱の原則（地公法13条）、情勢適応の原則（同法14条）を定め、また、給与決定の原則として、職務給の原則（同法24条1項）、生計費原則（同条2項）、国・他の自治体の職員の給与、民間の給与等との均衡原則（同条4項）を定めています。職員の給与はこれらの原則に従って定められなければなりません。

2　自治体は職員の給与を自由に決定・変更できるのか

　とりわけ、職員の給与の引き下げは、人事委の勧告を踏まえ、誠実な団体交渉を尽くした上でなければ、許されません。

　非現業の労働基本権は制約を受けていますが、最高裁の立場によっても、その制約は、代償措置が現実的に機能・運用されている限りにおいて合憲とされるに過ぎません（Q64参照）。

　そのため、人事委の勧告を無視した給与額の据え置きや減額を定める条例は、代償措置を機能・運用させないものとして、違法無効とすべきです（なお、公平委しか置けない自治体（地公法7条3項）は同法26条の適用がなく代償措置が欠如しています。これは立法上の重大な不備です）。

　この点、給与改定臨時特例法違憲訴訟・東京地判平26・10・30判時2255

号37頁は、国家公務員について、「人事院勧告や民間準拠原則に基づかず、給与減額支給措置の立法をすることが一義的に許されていないと解することはできない」としつつ、「立法について必要性がなく、又は、人事院勧告制度がその本来の機能を果たすことができないと評価すべき不合理な立法がされた場合には、立法府の裁量を超えるものとして当該法律が憲法28条に違反する場合があり得る」としています。

また、自治体当局が給与を減額しようとする場合、組合に対し誠実な説明と交渉を行う義務があります。誠実な交渉を経ない減額提案は不当労働行為であり、やはり違法となります。

3　公企・現業について

公企・現業については、労働協約締結権が認められ（地公労法7条、地公法57条、地公労法附則5項）、首長に対し労働協約と抵触する条例・規則を改める提案をする義務を課し（地公労法8条）、給与について条例で定めるべき事項は「種類と基準」に限ることで（地公企法38条4項）、労働基本権と財政民主主義との調整をはかっています。したがって、公企・現業の給与引き下げは、主として労使合意または就業規則の不利益変更によることになりますが（Q27参照）、いずれも労使交渉は不可欠です。

4　当局には誠実交渉義務がある

首長が給与減額の必要があると考えた場合、まずは、職員団体等と、交渉による合意をめざすべきです。

当局が誠実な交渉を行わない場合、公企・現業の労働組合であれば、労委へのあっせん申立てや不当労働行為救済申立てができますし、非現業の職員団体も団結権侵害として損害賠償請求ができます。

また、議会も人事委勧告を受ける対象であり（地公法26条）、これを尊重すべき地位にありますから、議会としても、組合と誠実な交渉を尽くし合意を得てから提案するよう当局に求めるべきです。

（就業規則不利益変更）

Q27 地方公営企業で、当局が、特殊勤務手当について、廃止ないし減額する就業規則を一方的に提示しました。認められるのですか。

1 地方公営企業と就業規則

公企・現業については、地公法の給与条例主義（Q24参照）の規定は適用されず、条例で「給与の種類及び基準」が定められればよいとされています（地公企法38条4項）。

一方、非現業と異なり、地方公営企業には、原則として、就業規則の作成が義務付けられています（地公法58条、地公企法39条等）。

したがって、地方公営企業においては、条例に支給できる手当として「特殊勤務手当」があげられていても、就業規則において支給の定めをしないとか、就業規則の変更により、手当を廃止する、あるいはその支給額を減額するということがおこり得ます。

そこで、就業規則の変更によって手当を廃止ないし減額することが可能かという点が問題となります。

2 就業規則不利益変更

民間における就業規則の不利益変更は、内容が合理的でない限り、認められません（労契法9条、10条）。

そして、内容の合理性については、労契法成立以前の判例法理において、とくに賃金・退職金など重要な労働条件に関する不利益変更には、高度の必要性に基づいた合理性が求められ、具体的には、①労働者が被る不利益の程度、②使用者側の変更の必要性の内容・程度、③変更後の就業規則の内容自体の相当性、④代償措置その他関連する他の労働条件の改善状況、⑤労働組合等との交渉の経緯、⑥他の労働組合または他の従業員の対応、⑦同種事項に関するわが国社会における一般的状況等を総合考慮して判断すべきものとされていました（第四銀行事件・最判平9・2・28労判710号12頁など）。

3 公務員と不利益変更法理

地方公務員に関しては、労契法が適用除外となっており（労契法22条1

項)、就業規則の不利益変更に関し、公務員に関する特別な定めもありません。

しかし、私企業に近い性格をもつとされる公企・現業について、就業規則の性格を、民間の就業規則と別異に解する根拠はなく、同じ基準で判断されるべきです。

この点、堺市事件・大阪高判平15・5・8労判881号72頁は、退職金規定不利益変更は無条件に是認できず、ただ「長期に渡る継続的勤務関係を維持しつつ、その業務を円滑に運営すべく、当該地方公共団体の行政事情、特に、職員の労働条件変更の必要性・緊急性、労働条件の変更によって被る不利益の程度、団体交渉の経緯等の諸事情により、一方的な就業規則の不利益変更が許される場合も存すると解するのが相当である」としました。この判示は、民間の法理より考慮要素が狭いきらいがあります。

これに対し、郵政公社について民間と同様に扱うべきとした裁判例もあります（日本郵政公社事件・東京地判平18・5・29労判924号82頁）。

4　特殊勤務手当について

なお、特殊勤務手当は、しばしばその性質が問題になります。

裁判例では、特殊勤務手当の趣旨について、「著しく危険、不快、不健康又は困難な勤務その他著しく特殊な勤務であって、給与上特別の考慮を必要とし、かつ、その特殊性を給料で考慮することが適当でないと認められる勤務に従事した職員に対して支給すべき手当である」とされています（熊本市特殊勤務手当事件・最判平7・4・17労判676号11頁）。

実際には、職務の必要性から労使で決められた理由のある給付が多いと思いますが、特殊勤務手当という名目となっていたとしても、その実質が伴っていない場合には違法な給付とされる場合もありますので、注意してください。

(地方独法化と労働条件承継)

28 職場が地方独立行政法人化されて、賃金が引き下げられました。争えませんか。

1 地方独立行政法人とは

地方独立行政法人(地方独法)は、自治体の特定の事務事業を切り離して別法人とするもので、特定地方独法(公務員型)と一般地方独法(非公務員型)があります。

設置団体の判断でいずれかの法人として設立されますが、特定地方独法は、①その業務の停滞が住民の生活、地域社会若しくは地域経済の安定に直接かつ著しい支障を及ぼすもの、②業務運営における中立性および公正性をとくに確保する必要のあるものとされています(ただし、公立大学法人は、一般地方独法でしか設立できません。地方独法法2条2項)。

総務省は、公務の市場化推進の立場から一般地方独法を推奨しており、特定地方独法を一般地方独法に定款変更できる改正法が2014(平成26)年4月から施行されています(同法8条3項。この変更は一方通行であり、一般地方独法から特定地方独法への変更はできません)。

職場が地方独法化される場合、これを、特定か一般かを問わず、移行型地方独法といいます。この場合、法人設立時に設立団体の内部組織で法人の業務に相当する業務を行う職員について、辞令が発せられない限り原則として法人の職員となる旨を定めています(同法59条)。しかし、同法には、賃金や労働条件が継承されるかについての定めはありません。

2 地方独立行政法人化と職員の賃金・労働条件

では自治体職場が地方独法化された際に、「法人の職員となる者」の賃金や労働条件はどうなるのでしょうか。

国立病院の独法化(公務員型)に伴う賃金の不利益変更等が争われた事案で、裁判所は、移行前後の労働関係を連続したものとはせずに、移行後の法人の労働条件は「新たに定められたものであって、従前の労働条件が変更されたものではない」として、不利益変更法理の適用を認めませんでした(独法国立病院機構事件・東京地判平18・12・27判時1960号155頁、控訴

審・東京高判平23・3・30労旬1746号60頁。上告不受理)。

　しかし、移行型において、雇用ないし身分は当然に承継されるのに、これと不可分なはずの賃金や労働条件が全く新たに定められるもので、いかようにも定められるという解釈は不条理というものです。実際の職場は、移行の前後で何の変化もありません。実態を正しくみるならば、これは移行時における労働条件の不利益変更の問題であり、就業規則の不利益変更法理を定める労契法10条が適用もしくは準用されると考えるべきです。

　なお、市町村合併時にも、合併関係市町村の職員のうち、消滅市町村の職員の身分はいったん消滅し、合併市町村が新たに任用するものとされていますが、この場合でも、合併前後の職員の身分に実質的な連続性があることを理由に、合併時に低位の職位に格付けされたことが不利益処分にあたるとした裁判例があります(丸亀市事件・高松高判平20・10・2労判973号29頁。Q5参照)。地方独法化の場合であっても組織には実質的な連続性があるわけですから、移行時に賃金や労働条件が引き下げられたときは、不利益変更法理の適用が認められるべきです。

3　地方独法における法適用と労働組合活動

　特定地方独法職員については、公企・現業と同じで、労働条件については原則として労基法が適用され、賃金や労働条件は、就業規則、労働協約等によって定められることとなります。また、労使関係についても、同様に、地公労法が適用されます。争議権はありませんが、団結権、団体交渉権はあります(地公労法5条1項、7条、11条1項)。

　これに対し、一般地方独法では、その職員は非公務員ですので、労基法、労組法のすべてが適用され、団結権・団体交渉権・争議権のすべてがあります。

　賃金・労働条件の引き下げを許さないためには、労働組合が団体交渉を活用して労働協約を締結したり、就業規則の作成変更の際に過半数組合・代表として意見を反映させていく等の活動が重要です。

◎コラム

「猟官制」と「成績主義」

　「猟官制（spoils system）」とは、政治的な裁量で公務員を任用する制度のことです。19世紀前半のジャクソン・デモクラシー期のアメリカが典型的で、政権交代によって大量の公務員の入れ替えが行われました。これは乱暴な制度のようにみえますが、当時としては、固定的な官僚層の形成を排除し、公職を国民に広く開放し、「民主的な公務員制（civil service）」を確立するものとして、歴史的な意義を有したと考えられています。

　しかし、政党の発達に伴い、官職が私物化されて金権政治の好餌と化し、しかも、行政の複雑化・専門化に対応できないなど、猟官制の弊害も耐えがたいものとなっていきます。そこで、19世紀後半以降、独立の人事機関の設置、能力判定の試験制度、公務員の身分保障と政治的影響の排除などを内容とする、資格任用制あるいは「成績主義（merit system）」に基づく近代的公務員制度が確立されることになったとされています。

　わが国の公務員制度も、このような成績主義を基本原則としているのですが、この間、「政治主導」「内閣の人事管理機能の強化」が唱えられ、内閣人事局の設置、幹部職員の人事の一元化、政治的任用の拡大などが進められています。地方でも、橋下大阪市政下にみられたように、「民意」の名の下に公務員の首長への服従強化が進められています。地公法改正で導入された人事評価制度は、客観的で民主的な評価基準が確立されない下では、「成績主義」の実現より、首長への服従強化をもたらすおそれがあります。このような動きは、公務員を猟官制時代にみられた政権への奉仕者に変質させかねず、民主的・近代的公務員制度に逆行するものです。

第4部

勤務時間、休日、休暇

(勤務時間の決定)

29 自治体職員の勤務時間はどのように決められるのですか。

1 勤務時間等の定め方

　自治体職員の勤務時間は、国家公務員のそれにならった形で定められています。また、自治体職員には、原則として労基法が適用されます（地公法58条3項）ので、労基法が最低基準となります。後で触れる準則は、労基法の規制を念頭に置きつつ、国家公務員に関する勤務時間法に沿った形の規定となっています。

　たとえば、勤務時間法との関係では、「週休日の振替」、「休日の代休日」といった概念が、そのまま、自治体職員の勤務時間に関しても使われています（Q34参照）。また、労基法の関係では、非現業についてはほとんどの変形労働時間制が適用除外となっていますので、導入することはできません。

　このように、自治体職員の勤務時間制度に関しては、国家公務員のそれと民間労働者のそれの影響を受けますので、それぞれの動向に注意を払うことが必要です。

2 勤務条件条例主義

　非現業の勤務条件は、条例で定めることとされています（勤務条件条例主義、地公法24条5項）。したがって、勤務時間、週休日、休日、休暇等（以下「勤務時間等」）は、条例で定められています。これについて、総務省は、「職員の勤務時間、休暇等に関する条例（案）」（平6・8・5自治能65号、最終改正平24・4・27総公48号）（準則）を定めています。

　具体的な勤務時間の割振り、週休日の振替の要件など、細目的な事項については、任命権者が規則等で定めています（なお、公企・現業については、地公法24条は適用除外とされていますので（地公企法39条1項）、勤務時間等は企業管理規程（同法10条）や労働協約等によって定められることになっています）。

　こうした勤務条件条例主義は、財政民主主義の見地から民主的コントロ

ールを及ぼすと同時に、自治体職員、とりわけ非現業が労働基本権を制限されていることから、法規範をもって勤労条件を保障する趣旨です。

　しかし、これは勤務条件についての労使協議を排除するものではありません。勤務条件条例主義といっても、細部にわたる事項をすべて決めておくことは現実的ではなく、妥当性を欠くこともあります。他方で、勤務時間等は、公務の能率維持はもちろんのこと、職員の健康維持や生活全体にとって重要な意義をもちます。したがって、非現業においても、詳細は労使協議に委ねられるべきです。そして、条例で定めていない事項についてはもちろん、条例で定めている事項についても、条例の改廃を求めて労使協議を行うのは当然のことです。また、準則はあくまでも参考にすぎません。地方自治の観点からも、労働条件はその自治体の労使で協議し決定していくことが重要です。

3　勤務時間等の概要

　多くの自治体の勤務時間等条例では、準則に従って、次のように定められています。

　職員の勤務時間については、1日7時間45分、1週38時間45分とされ、特別の勤務形態の場合を除き、月曜日から金曜日の間に勤務時間が割り振られています。

　勤務しない日として、週休日（日曜日と土曜日）と休日（祝日法の休日や年末年始の休日など）があります（労基法上の「休日」に相当するものは週休日のうちの1日のことです）。公務員法上の休日は、一応、正規の勤務時間が割り振られていながら、慣行的に勤務が免除されていたものを法制化・条例化したものです。これらは公務員法独自の概念ですので注意が必要です（Q34参照）。

　時間外や週休日に勤務した場合には時間外勤務手当が、週休日以外の休日に勤務した場合には休日勤務手当が支払われます（Q33参照）。

　休暇とは、法律または条例に基づき、職務専念義務を免除することです。条例に基づくものとしては、年次有給休暇、病気休暇、特別休暇（公民権行使、証人としての出頭、ボランティア、結婚、産前産後、育児時間等）、介護休暇の4種類が定められています。法律（地公育休法）に基づくものとしては、育児休業が定められています。

(長時間勤務規制)

Q30 自治体職員の長時間労働に対する規制はどのようになっていますか。三六協定はどのような場合に必要ですか。

1 長時間労働の厳格な規制を

自治体の職場でも年間1000時間を超える残業を行っている職員が散見され、恒常的に残業が続く職場も少なくありません。しかし、長時間労働は、過労死・疾患をもたらしたり精神の健康を害するものです。また、それは、家族的生活や社会的文化的な生活を破壊し、人間らしく働く権利やワーク・ライフ・バランス（仕事と生活の調和）の実現を妨げるものです。したがって、長時間労働の規制は自治体職員にとっても重要な課題です。

2 三六協定

自治体職員にも労基法の労働時間規制は原則として適用されます。労基法は労働条件の最低基準であり、これに違反する条例・規則は効力がありません。労基法違反に対しては刑事罰（労基法119条）もあります。

とりわけ重要なのが三六協定です。労基法36条1項は、使用者が事業場の過半数組織組合または過半数代表者との労使協定（三六協定）を締結し、行政官庁に届け出た場合には、法定労働時間外に労働させることができるとしています。

この三六協定による労働時間の延長については、「時間外労働の限度に関する基準」（平10・12・28労働省告示154号、最終改正平21・5・29厚労省告示316号）により、週15時間、月45時間等を超えてはならないとされています。また、三六協定には、残業をさせる必要のある具体的事由、業務の種類、労働者の数、延長することができる時間または労働させることができる休日を記載する必要があります（労基則16条1項）。さらに、この三六協定は、自治体単位ではなく「事業場」単位となっています。各職場の実情に沿って残業の具体的理由や残業時間など細かに配慮する必要があるからです。

3 割増賃金

自治体は、職員に残業をさせた場合には割増賃金を支払わなければなり

ません（労基法37条１項。Q33参照）。さらに、割増賃金に代えて有給休暇を付与することもできるとしています（同法37条３項、地公法58条４項）。なお、裁判で割増賃金を請求するときは付加金の請求もできます（労基法114条）。

　とかく恒常的に残業が続く職場では、管理者がそれを見過ごし、サービス残業が横行しがちです。そこで、違法な不払い残業を抑制するため「労働時間の適正な把握のために使用者が講ずべき措置に関する基準」（平13・４・６基発339号）が出されており、使用者は、労働時間をタイムカード等で適正に把握しなければならず、自己申告制の場合には労働時間の実態と合致しているか必要に応じて調査し、適正な申告を阻害する目的で時間外労働の上限を設定してはならないとされています。

4　労基法33条３項の濫用は認められない

　「労基法別表第一に掲げる事業以外の官公署の事業場」の職員は、「公務のために臨時の必要がある場合」には、残業させることができるとされています（労基法33条３項）。

　自治体職員のうち、公企・現業は、通常は別表第一に掲げる事業に該当しますので、この規定の適用を受けません。非現業の中でも、病院、保育所、図書館などの職員は、別表第一の事業に該当しますので、残業させるにはやはり三六協定が必要となります。この規定の対象になるのは、主には本庁や出先行政機関の職員です。

　この規定によって残業を命じることができるのは、「公務のために臨時の必要がある場合」に限られます。一般に三六協定に定められる「残業をさせる必要のある具体的事由」と同程度の事由では残業を命ずることは許されず、とりわけ恒常的計画的なものは「臨時の必要がある場合」とはいえません。「臨時の必要」もないのに当該事業場の職員に対して残業を行わせることは、労基法違反であり許されません。

　なお、労基法33条３項に該当する場合を除き三六協定の締結を要することは、行政実例（昭27・10・２自公発62号）や国会答弁（平４・４・17参院地方行政委員会）でも確認されています。

（時差出勤）

31 当局から行事予定に合わせて勤務時間をずらす時差出勤を導入したいとの申し入れがありますが、これは適法ですか。

1 時差出勤制度とは──変形労働時間制との違い

一般に、連続操業や長時間操業のための交代制労働を必要としたり、時期による繁閑の差が大きく一時的に法定労働時間を超えて不規則に所定労働時間を配分せざるを得ない事業が存在します。そのため、労基法は、一定の期間内において所定労働時間が平均して週40時間を超えなければいいという変形労働時間制をもうけています。もっとも、地方公務員のうち非現業には、1カ月以内の変形労働時間制（労基法32条の2）しか認められていません（地公法58条3項）。

これに対し、時差出勤制度は、所定労働時間（1日7時間45分）はそのままに、業務の都合に合わせて、始終業の時刻を繰り上げ・繰り下げするもので、1日の勤務時間の割振りだけを変更するものであり、変形労働時間制とは異なります。

しかし、このような時差出勤制が導入されると、当局の都合で始終業時間がそのつど変更されるおそれがあり、労基法との関係で問題が生じます。

2 始業・終業時刻の明示

労基法は、労働条件明示義務（労基法15条1項）を定めており、使用者は始業時刻と終業時刻をあらかじめ定めて労働者に明示しなければなりません（労基則5条1項2号）。この規定は非現業にも適用があります（地公法58条3項）。さらに、公企・現業には就業規則作成義務（労基法89条1号）も適用されます。これは、始終業時間を事前に決定し、労働時間とそれ以外の時間とを明確に区分するためです。

したがって、使用者がその都度労働者に始終業時刻を通知するような勤務形態は認められていません。ちなみに、労働者自身が始業時刻と終業時刻を自分で決められる制度として、フレックスタイム制（労基法32条の3）、裁量労働制（同法38条の3、4）がありますが、これらは非現業には適用除外とされています（地公法58条2項）。

ただ、応急的・一時的な理由で始終業時刻を変更することは許されないわけではなく、行政解釈では、任意の繰り上げ・繰り下げは許されないが、就業規則その他の定めるところにより、あらかじめ労働者に周知させたうえで行う労働時間の繰り上げまたは繰り下げをすることは許される（昭29・12・1基収6143号）とされています。
　したがって、このような要件を満たす場合には時差出勤制度も可能と考えられます。

3　時差出勤制度を導入する場合の注意点

　自治体の担当部署や職場の中には、毎月一定の曜日の夜間または休日に定期的に市民参加の会議や行事が予定されていることなどがあり、こうした場合に時差出勤の導入を当局が求めてくることがあります。
　しかし、自治体職員といえども、所定の始終業時刻を前提として、通勤の事情や子どもの学校等の状況、時間を勘案して住居を定め、生活時間のサイクル等を決めています。時差出勤が使用者の都合だけで実施されれば、職員は予想に反する不利益を被りかねません。残業代節約のために導入するというのはもってのほかです。この制度を導入する場合には、事前に労使で十分に協議して、職員の生活に与える不利益を最小限にとどめる必要があります。
　たとえば、時差出勤制度を導入する場合には、「職員の健康の維持増進」を目的とし、「本人の申し出」を原則とする、対象業務についても「各種団体や市民が出席することなどにより勤務時間外の時間に行われる会議や業務」などに限定しておく、あらかじめ「本人の申し出」を確認し、1週間前までに毎月の予定を立てて本人に通知する、といったルールは最低限必要でしょう。また、所定の勤務時間からあまりずれないように、繰り上げ・繰り下げの時間の範囲についても、限定しておく必要もあるでしょう。もちろん、1日の所定勤務時間を超えた場合は、その時間外勤務については、時間外手当を支払う必要があります。
　この時差出勤制度は、長時間労働が恒常的な職場では検討に値する制度ですが、あくまで例外ですので、必要最小限のものに限定することが必要です。

（労働時間）

32 窓口準備等のための早出出勤や、参加が義務づけられた勤務時間外の研修会に出席する時間は、労働時間にはあたらないでしょうか。

1 労働時間とは

　労働時間とは、労働者が客観的にみて使用者の指揮命令下に置かれたと評価できる時間です。たとえば、事業所内の更衣所で作業服や保護具等の装着、資材の受出しや散水等の準備作業を義務づけられていた場合には、これらの時間も労働時間であるとされています（三菱重工業長崎造船所事件・最判平12・3・9民集54巻3号801頁）。自治体職員についても、この考え方が適用されます。これは強行法規たる労基法上の概念ですので、使用者がこれと別の定めをしても無効です。

2 黙示の指示も指揮命令

　使用者の指揮命令は、明示的な指示や命令がなくても、黙示的なもので足ります。始業時刻前にほとんどの人が出勤し終業時刻後も多くが残業を行っている場合に、早出や残業の時間は使用者の黙示の指示による労働時間であると認められた例（京都銀行事件・大阪高判平13・6・28労判811号5頁）、超勤命令簿以上の超過勤務も、使用者から義務づけられ、またはこれを余儀なくされたもので、それに要した時間も社会通念上必要と認められること、管理課長もそれを知悉し容認していたとして労働時間であると認められた例（東京都多摩教育事務所事件・東京高判平22・7・28労判1009号14頁）などがあります。

　窓口準備のための早出出勤や、参加が義務づけられた勤務時間外の研修は、上司からの明示または黙示の指示があるものとして労働時間にあたるといえます。

3 待機時間も労働時間

　労働者が具体的な作業に従事していない時間であっても、業務に備えて待機している時間は、労働時間です。警備員の仮眠時間も、労務から完全に解放されず、警報や電話への対応が義務づけられていれば、労働時間にあたるとされています（大星ビル管理事件・最判平14・2・28民集56巻2号

361頁)。マンション管理人の不活動時間でも、宅配物の受渡しや住民要望に対応するよう黙示の指示をされていた時間は労働時間にあたるとされました（大林ファシリティーズ事件・最判平19・10・19民集61巻7号2555頁)。ただし、作業従事の必要性が皆無に等しいとして労働時間ではないとされた例もあります（ビソー工業事件・仙台高判平25・2・13労判1113号57頁)。

　自治体では、市バス乗務員の終点到着後折り返し発車するまでの待機時間について、待機中も乗客への対応が求められており労働時間にあたるとされた例があります（北九州市事件・福岡地判平27・5・20労判1124号23頁)。

　また、大雨や洪水の注意報・警報などの場合に、建設・交通・河川・土木などの部署で水防待機体制に移行することがあります。この場合、通常、待機場所も制約され、緊急事態に対応することが求められますので、少なくとも庁舎等に待機する時間は、労働時間にあたるといえます。

4　消防職員の取扱い

　消防職員については、1当務24時間拘束とする勤務体制がとられることがあり、通常1当務中8時間程度が休憩時間・仮眠時間とされています。この点「消防職員の勤務時間等の適正な管理と運用について（通知)」（平15・11・11消防消206号）は、消防職員は休憩時間の自由利用が適用除外とされているため（労基則33条1項1号)、仮眠室における待機であっても、火災出動等の業務命令が発せられるまでは労基法34条の休憩時間にあたるが、休憩時間としての本来の目的である心身の疲労回復に資するため行動規制は必要最小限にすべき、としています。

　しかし、休憩時間や仮眠時間とされていても、出動命令が予定されている仮眠室での待機は、労務から完全に解放されているとはいえません。これらの時間は、本来、労働時間とみなされるべきです。

（超過勤務手当）
33 自治体職員の超過勤務手当は
どのような仕組みになっているのですか。

1 自治体職員と超過勤務手当

自治体職員には、次の超過勤務手当が支給されます。

①時間外勤務手当　正規の勤務時間以外の時間において勤務したとき、あるいは、週休日に勤務したとき（労基法37条の割増賃金）

②休日勤務手当　週休日以外の休日（祝日法に基づく休日および年末年始の休日等）において、正規の勤務時間に相当する時間中に勤務したとき

ここで、週休日とは、勤務時間が割り振られない日であり、休日とは、一応正規の勤務時間が割り振られるが、勤務を免除されている日です（Q34参照）。

週休日と休日とでは、同じように勤務した場合でも、支給される手当の名称は異なることになります。

2 予算との関係

しばしば、自治体当局が、予算が組まれていないので支払えないと主張することがあります。

しかし、違法な理由で時間外勤務手当の支払いを拒むことは許されません。たとえば労働基準法に規定された労基法36条協定未締結の場合でも時間外手当の支払いを拒むことは許されないとされています（最判昭35・7・14刑集14巻9号1139頁）。

そして、予算に計上されていないことをもって、時間外勤務手当などの支払いを拒む理由とはならないことは、裁判所も「当然」であるとしています（東京都多摩教育事務所事件・東京地判平22・3・25労判1009号20頁）。

3 超過勤務手当の基礎となる賃金

超過勤務手当の計算の基礎となる賃金は、「通常の労働時間の賃金」であり、「地域手当」や「特殊勤務手当のうち月額で定められたもの」については算入されます。しかし、「家族手当」、「通勤手当」、「別居手当」、

「子女教育手当」、「住宅手当」、「臨時に支払われた賃金」、「1箇月を超える期間ごとに支払われる賃金」は算入されません（労基法37条5項、労基則21条）。

計算式は次の通りです。

$$\frac{（給与月額＋算入される手当月額）\times 12月}{（1週の勤務時間）\times 52週－（1日の勤務時間）\times（年間祝日数＋年末年始休日数）}$$

4 超過勤務手当の割増率

①の時間外勤務手当（労基法上の割増賃金）については、法定労働時間を超える労働に対しては、通常の労働時間の賃金の計算額の2割5分以上、休日労働は3割5分以上、時間外労働が月60時間を超えた分について5割以上の割増賃金を支払わなければならず、深夜労働（午後10時から午前5時まで）にはさらに2割5分以上の割増を加えて支払わなければなりません（労基法37条1項）。

各自治体の条例でも、これに合わせて、正規の勤務時間外および週休日の勤務に対する時間外勤務手当が定められています。ただし、月60時間を超えた場合の割増率の規定は、常時使用する労働者数が300人以下の自治体については当分の間は不適用となっています（労基法附則138条）。

他方、②の休日勤務手当の割増率については、労基法の規制外であることから、自治体によってさまざまであり、2割5分の自治体もあれば、3割5分の自治体もあります。

5 消滅時効に注意

自治体職員の給与や手当（退職手当を除く）の消滅時効については、労基法115条が適用され、2年とされています（最判昭41・12・8民集20巻10号2059頁）。

したがって、2年前の支給日の日付が過ぎると、2年前の支給日に支給されるはずだった超過勤務手当については消滅時効の対象となり、支払いを受けられなくなるので注意が必要です。

(休日の概念)

Q34 自治体職員の休日の概念、振替休日と代休の違いについて教えてください。

1 法定休日とは

自治体職員については、勤務時間、休日などについて、ほとんど全面的に労基法の適用があります(地公法58条3項)。労基法は、使用者は、労働者に対して、毎週少なくとも1回の休日を与えなければならないとしています(法定休日。労基法35条1項)。また、週1日以上ではなく、4週間で4日以上の休日を与える場合も認めています(変形週休制。同条2項)。この場合は、就業規則その他これに準ずるもので、4週間の起算日を明らかにしておかなければなりません(労基則12条の2第2項)。

2 週休日とは

日曜日および土曜日は週休日とされ(週休2日制)、この日には原則として勤務時間を割振らないとされています。これが労基法上の休日に相当するものです(従前は週休日は「勤務を要しない日」と称されていました)このため、自治体ではいわゆる完全週休2日制となっており、労基法の基準を上回っています。

3 休日とは

週休日とは別に、祝日法に定める休日、年末年始の休日(12月29日から1月3日まで)、各自治体が特別の休日として条例で定める日(自治法4条の2第3項)は、原則として勤務をすることを要しない休日とされています。この休日は、公務員法独自の概念で、一応正規の勤務時間が割振られる日ですが、慣行的に勤務が免除されていたものを法制化・条例化したもので、週休日とは異なる扱いとなっています。

4 振替休日と代休

職員は週休日に勤務することを命じられることがありますが、この場合は、週休日を他の勤務日に振り替えることができます(振替休日)。週休日については、1日あるいは半日(4時間)の単位で勤務を命じ、振替休日を指定することができるとされています。週休日の振替は必ず行わなけ

ればならないものではありませんが、職員の健康管理のためには行うことが望ましいとされています。週休日の振替は事前に行う必要があり、その週休日が属する週の勤務日に振り替えることが望ましいとされます。

　また週休日以外の休日に勤務を命じられた場合に、本人があらかじめ代休の指定を希望しない場合を除き、その日から8週間以内の日を代休日として指定することができるとされています（代休）。この代休日の指定も事前に行わなければならず、勤務した事後に代休日を指定することはできません。また、代休日は休日出勤の代償として労働義務が免除される日であり、これはあらかじめ定められた休日同様に尊重すべきものなので、休日の代休の代休（再代休）は認められないとされています。

　実際には、無限定な週休日の振替え、代休指定により、週休日・休日の勤務を命じる例があとを絶ちません。しかし、労働者の生活リズムの安定や人間らしい生活の実現のために、安易にこれを認めるべきではありません。

5　週休日の振替の場合の時間外勤務手当

　週休日に勤務を命じられても、同一週内に週休日の振替が行われた場合には、時間外勤務手当は発生しませんが、同一週を越えて週休日を振り替えた場合は、通常、1週間の所定勤務時間を超えて勤務することになるので、時間外勤務手当を支給しなければなりません。

　この場合の時間外勤務手当の額については、一般に週の所定勤務時間を越えた勤務時間分の割増賃金は125％ですが、振替休日となった日の分が100％減額となるので、この場合の時間外勤務手当は、1時間あたりの給与額の25％以上とされています。

　なお、週休日以外の休日に勤務を命じられ、代休日を付与された場合には、休日勤務手当は支給されません。

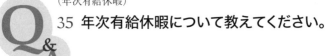
(年次有給休暇)
Q35 年次有給休暇について教えてください。

1 年次有給休暇（年休）

地方公務員には、1年目から原則として毎年20日の年次有給休暇（年休）が与えられます。この権利は翌年に限り繰り越すことができます。

短時間勤務職員や非常勤職員の場合でも、6カ月間継続して勤務し、勤務すべき日の8割以上勤務した場合には、労基法に基づき、年休が与えられます（Q89参照）。

2 年休の時間単位取得

年休は労働者の元気回復に充てるものですから、原則として1日単位で与えられるべきものです。しかし、国家公務員については、かねてから、とくに必要があると認められるときは時間単位で与えることができるとされ（人規15-14）、現実に、通院や子どもの学校行事など生活上の便宜に用いられてきました。自治体においても同じような取扱いをしている例がありました。

2008（平成20）年改正労基法により、労使協定で時間単位の年休を付与できる労働者の範囲や日数（5日以内に限る）などを定め、それに従って時間単位の年休を与えることができることが明文化され（労基法39条4項。公企・現業・独法職員には同項が適用）、非現業についても、「特に必要があると認められる時」には、同様に時間単位の年休を認めることができるものとされました（地公法58条4項。この場合には、5日以内という限定はありません）。

なお、労基法39条4項では時間単位の取得の上限は5日となっていますが、時間単位取得が立法化されていなかった当時の裁判例で、「同条の規定文言にかかわらず、使用者が進んで半日年休を付与する取扱いをすることをなんら妨げるものではない」とされていました（高宮学園事件・東京地判平7・6・19労判678号18頁）。この趣旨からすれば、自治体当局が5日を超えて時間単位取得を認めることには何の差し支えもありません。

3　年休と時季変更権

年休は労働者の権利であり、請求があったときは、原則として、その請求する時季に与えなければなりません（労基法39条5項）。また、「年次休暇の利用目的は労基法の関知しないところであり、休暇をどのように利用するかは、使用者の干渉を許さない労働者の自由」です（白石営林署事件・最判昭48・3・2民集27巻2号191頁）。

ただし、請求された時季に休暇を与えることが「事業の正常な運営を妨げる場合」は、使用者は他の時季に変更することができるとされています（時季変更権、同項ただし書）。もっとも、使用者は労働者が年休取得できるよう代替勤務者を配置する配慮義務があり、それを怠ったときは事業の運営を妨げるとはいえません（弘前電報電話局事件・最判昭62・7・10民集41巻5号1229頁）。

4　年休取得妨害と不法行為

事業の正常な運営を阻害しないのに時季変更権を行使すれば、年休取得の妨害となり、使用者は不法行為責任を負います。

西日本JRバス事件・金沢地判平8・4・18労判696号42頁（控訴審の名古屋高金沢支判平10・3・16労判738号32頁も維持）では、代替要員の確保の努力や勤務割りの変更などの配慮を行えば時季変更権の行使を回避できる余地があるのにこれを行わない場合や、恒常的な要員不足により常時代替要員の確保が困難な場合は、「事業の正常な運営を妨げる場合」には該当しないとして、時季変更権の行使が違法とされています。

5　権利行使と不利益取扱い

年休取得は労基法上の権利行使ですから、年休取得を事実上抑制するような不利益取扱いは、公序良俗に違反し許されません。

日本シェーリング事件・最判平元・12・14民集43巻12号1895頁では、年休の取得を不就労日とし、稼働率8割以下を賃上げの対象から外したことが、公序に反し無効とされました。他方、沼津交通事件・最判平5・6・25民集47巻6号4585頁では、年休取得を理由とする皆勤手当の減額・不支給は、公序に反する無効なものとはいえないとされています。これは労働者に与える不利益の大きさの違いによるものと解されています。

(病気休暇・病気休職)

36 医師からうつ病と診断され、しばらく休むようにいわれました。今後、どのような取扱いになるのですか。

1 病気の場合の取扱い

病気で仕事を休むことが必要な状況になった場合の手続、取扱いについては、地公法のほか、各自治体の条例等で定められています。

多くの自治体においては、病気休暇→病気休職→復職または免職というような流れとなります。

ちなみに、国家公務員の場合には、勤務時間法や人事院規則15-14などで手続や処遇が定められています。

2 病気休暇

病気休暇については、各自治体の条例により定められており、職員が負傷または病気を療養するために必要とされる期間について承認されます。病気休暇の日数等の扱いは自治体によって異なっています。私傷病の場合、最大限90日程度まで給与は全額支給され、90日を超えると給与の半額が減額されるので、以後は病気休職に移行するのが一般的です。これに対し、公務災害による場合は、給与の全額が支給されます。

なお、病気休暇中は職務専念義務が免除されますが、休暇中の遊興が問題とされることがありますので注意してください。

3 病気休職

病気休職は、「心身の故障のため、長期の休養を要する場合」(地公法28条2項1号)に、医師の診断等に基づき行われる分限処分です(したがって、本人の意思に反しても休職させることができます)。病気休職の手続や処遇については、条例ないし規則で定められています(同条3項。Q10参照)。

病気休職の場合、公務上の原因による疾病の場合を除き、多くの自治体においては、休職期間は3年を超えない範囲とされ、また、1年間(結核等特定疾患の場合には2年間)は給与の8割が支給されることとされています。この期間を経過すると無給となりますが、共済組合から傷病手当金が1年6カ月間は支給されます。

休職期間が満了しても職務に復帰できない場合には、分限免職とされるのが一般です。

これに対し、公務上の原因による疾病の場合には、療養期間中は給与の全額が支給され、また、療養のために休業している期間中およびその後30日間は分限免職できません（労基法19条1項）。したがって、公務災害申請をする場合には、早期に手続をするべきでしょう。

4　復職と「試し出勤」

病気が回復して職務に復帰できる状態になった場合には、医師の診断に基づき、任命権者が復職を命ずる手続をとります。

しかし、とくにうつ病などの精神疾患の場合、職務に復帰できるか、職務に耐えうるかがただちに判断できないことや、職場復帰に不安が伴うことがあります。こうした場合のための「試し出勤」、すなわち職場復帰前に、元の職場などに一定期間継続して試験的に出勤をすることにより、職場復帰に関する不安を緩和するなど、職場復帰を円滑に行う制度の導入が、人事院などによって推奨されています。

人事院の「『円滑な職場復帰及び再発の防止のための受入方針』の改定について（通知）」（平22・7・30職職-254）の別紙「『試し出勤』実施要綱」では、職員本人の希望、申出により、元の職場において、概ね1カ月程度、職場の健康管理者が医師の意見も踏まえて必要性を判断して実施することとされ、この期間は原則無給とされています。

こうした制度の導入は、まだ自治体によって異なるのが実情であり、たとえば、「職員健康審査会」の審査を経て、2カ月までの間、無給での「試し出勤」が実施されることとなっている自治体もあります。

病気休職（ないし病気休暇）中の処置であり、無給であることはやむを得ないことですが、「試し出勤」中の怪我について公務災害となるかどうかなど、その身分の取り扱いについて、整理した上で実施することが必要です。

◎コラム
労基法の事業の号別区分

　労基法は、別表第一の1～15号および「官公署の事業（別表第一に掲げる事業を除く）」という事業区分を設けています（これは、かつては16号となっていたことから、旧16号といいます）。
　旧16号の事業に従事する自治体職員については、一定の場合に三六協定がなくとも残業をさせることができます（同法33条3項）。また、非現業のうち1～10号及び13～15号の事業に従事する職員についての労基法の監督官庁は労基署ですが、それ以外は、人事委（ないところは首長）です（地公法58条5項）。
　ただ、本庁で働く職員は旧16号、保育士は13号など、別表第一をみればすぐにわかる職種もありますが、そうでないものもあります。たとえば、公立学校内の給食調理場は1号（物の製造など）か12号（教育）か、動物園は7号（動物の飼育）か12号（教育など）かなど、判断に迷うことがあります。労基法違反の事実を労基署に申告をしようとして、管轄が違うといわれることもあります。
　この点に関しては、各都道府県にある労働局と都道府県・政令指定都市の人事委との間で、協定（労働基準法別表第一の号別区分についての協定）で定められています。
　具体的な号別区分については、労働局あるいは人事委に問い合わせをすればわかりますし、ホームページで公開している自治体もあります。人事委が設置されていない自治体については、当該都道府県の例を参考にしてください。
　ちなみに、私たちが調べた範囲では、公立学校の給食調理場については12号ではなく1号とされていましたが、動物園については、自治体によって7号と12号とに分かれていました。

第 5 部

仕事と生活の両立支援、女性の権利と母性保護

(両立支援の権利)

37 仕事と生活の両立支援をめぐる世界と日本の動きを教えてください。

1 両立支援の権利

育児や介護という家族的責任と仕事の両立は、労働者にとって重要な課題です。国際的な運動が広がる中で、育児・介護休業制度の拡充など、日本でも両立を支援する制度が少しずつ広がっています。

2 ILOの動向

ILOは、劣悪な労働条件下の女性労働者の保護の観点から、1919(大正8)年に産前産後に於ける婦人使用に関する条約(3号条約)、夜間に於ける婦人使用に関する条約(4号条約)を採択し、1951(昭和26)年に同一価値の労働についての男女労働者に対する同一報酬に関する条約(100号条約)、1958(昭和33)年に雇用及び職業についての差別待遇に関する条約(111号条約)を採択しています(このうち日本が批准しているのは100号条約のみ)。

その後、男女平等の確立のためには、家族的責任が女性に偏る状態を改善することが不可欠として、1965(昭和40)年に家庭責任をもつ婦人の雇用に関する勧告(123号勧告)を採択しました。

もっとも、家族的責任はすべての労働者の問題として解決する必要があることから、1981(昭和56)年に家族的責任を有する男女労働者の機会及び待遇の均等に関する条約(156号条約(家族的責任条約))が採択されました。同時に採択された165号勧告では、労働時間の短縮、育児休業、看護休業、介護休業、転勤への配慮、パートタイム労働者のフルタイム労働者との均衡などが具体的な政策として掲げられています。家族的責任条約は、採択から時間がかかりましたが、1995(平成7)年に日本でも批准されました。

3 日本における両立支援制度の流れ

1991(平成3)年、家族的責任条約および165号勧告の批准に向けて、民間の男女の労働者すべてを対象とする、育児休業等に関する法律(育児

休業法）が成立しました。もっとも、同法が定めたのは育児休業のみで、介護制度を含まない不十分なものでした。

その後、介護体制の整備を求める要求の高まりを受けて、1995（平成7）年、同法は、育児休業、介護休業等育児又は家族介護を行う労働者の福祉に関する法律（育介法）に改正され、育児休業だけでなく介護休業についても定められました。

育介法は、1997（平成9）年、女性保護措置とされていた深夜業の規制を育児・介護支援のための男女労働者に共通の深夜業制限措置へ組み替える改正がなされました。そして、2001（平成13）年には、男女労働者に共通の時間外労働制限措置を定める改正がなされ、2004（平成16）年には、1年以上継続雇用された期間雇用者への適用の拡大や育児休業期間の延長、子の看護休暇制度の創設などの改正が行われました。

2009（平成21）年には、両立支援を拡充するため、①子育て中の短時間勤務制度および所定外労働免除の義務化、②父親の育児休業取得を促進する制度（父母ともに育児休業を取得する場合には1歳から1歳2カ月まで期間延長が可能となる制度、配偶者が専業主婦あるいは専業主夫であっても取得が可能となるよう義務付ける制度）、③介護のための短期休暇制度（要介護状態の対象家族が1人なら年5日、2人以上なら年10日）、④子の看護休暇制度の拡充、などの改正が行われました。

これとは別に、2003（平成15）年には次世代育成支援対策推進法が制定され、国による行動計画策定指針、地方公共団体や事業主による行動計画の策定など、次世代育成支援対策を推進するために必要な措置を講ずべきものとされています。

このように両立支援の制度は少しずつ拡充されていますが、育児休業中の賃金保障や育児休業による就業中断のキャリアへの影響など、さらに改善すべき問題があります。また、育児休業の取得率が女性86.6％に対し男性2.30％にとどまるなど（厚労省、平成26年度雇用均等基本調査）、依然として家族的責任が女性に偏っている実態があり、男性が両立支援の各制度を利用しやすくすることが大きな課題です。

なお、地方公務員に関する育児や介護に関する両立支援制度は、地方公務員の育児休業等に関する法律などで定められています（Q38、Q39参照）。

（育児休業）
Q&A 38 地方公務員の育児休業制度はどうなっていますか。

1 地方公務員育児休業法
地方公務員の育児休業については、育介法の適用はなく（同法61条）、地方公務員の育児休業等に関する法律（地公育休法）に定められています。

2 育児休業制度
(1) **育児休業制度の概要** 一般職の地方公務員（公企・現業・特定地方独法職員を含む）は、子どもが3歳に達するまで、任命権者の承認を受けて育児休業をすることができます（地公育休法2条）。また、育児休業期間は、子どもが3歳に達するまで、原則として1回、延長することができます（同法3条）。育児休業を理由とする不利益取扱いは禁止されています（同法9条）。ただし、非常勤職員は、1歳から1歳6カ月の間までの各自治体の条例で定める年齢までの育児休業期間となり、短時間勤務職員、臨時職員は育児休業制度の対象となりません（同法2条。Q89参照）。

これに対し、民間労働者の場合は、育介法が適用され、原則として子どもが1歳までの育児休業期間となっています（育介法5～9条）。

(2) **育児休業中の所得保障** 育児休業中は、給与は支給されませんが（地公育休法4条2項）、期末手当や勤勉手当については、基準日から6カ月前までの間に勤務したことのある職員には支給されます（同法7条）。また、育児休業中は、共済組合より、原則として、子どもが1歳になるまで（両親ともに育児休業をする場合は1歳2カ月、総務省令で定める場合に該当する場合は1歳6カ月まで）、育児休業手当金が支給されます（地公共済法70条の2）。

これに対し、民間労働者の場合は、雇用保険法61条の4により育児給付金が支給されます。

育児休業をした職員の給与や退職手当の算定に関しては、国家公務員等の育児休業等に関する法律（国家公務員育児休業法）の規定が基準とされています（地公育休法8条）。そして、国家公務員育児休業法では、職場復

帰後の号俸については「部内の他の職員との権衡上必要と認められる範囲内において、人事院規則の定めるところにより、必要な調整を行うことができる」とされ（同法9条、人規19-0（職員の育児休業等））、退職手当の勤続期間の計算に関し、育児休業した期間は、その3分の1に相当する月数を在職期間から除算するものとされています（同法10条2項）。ですから、育児休業は勤務しなかった日数として扱われるため期間中は昇給しませんが、職場に復帰した時には昇給についても勤務してきたものとして調整されます（この調整は当初は2分の1でしたが、2007（平成19）年7月1日以降は100％として取り扱われています）。

3　部分休業制度

　育児休業制度とは別に、任命権者が公務に支障がないとして承認したときは、子どもが小学校就学の始期に達するまで、1日の勤務時間の一部（2時間を超えない範囲内）について勤務しないことができる部分休業の制度もあります（地公育休法19条）。

　ただし、育児短時間勤務職員その他任用の状況がこれに類する職員として条例で定める職員はこの制度の対象外です。また、非常勤職員の場合は、子どもが3歳に達するまでとされています（Q89参照）。部分休業を理由とする不利益取扱いは禁止されています（同法19条3項、16条）。

　なお、部分休業は無給であるため、活用しづらいものとなっています。所得保障や有給の育児時間の拡充など制度の改善が必要です。

4　育児短時間勤務制度

　以上とは別に、子どもが小学校就学の始期に達するまで、任命権者の承認を受けて、希望する曜日および時間帯において勤務することができる育児短時間勤務制度もあります（地公育休法10条以下）。育児短時間勤務を理由とする不利益取扱いは禁止されています（同法16条）。

　ただし、選択できる勤務形態は決まっていますので、具体的な形態は自治体に問い合わせてください。

　育児短時間勤務制度も無給とされていることから、部分休業と同じ問題があります。

Q&A （介護休暇）
39 地方公務員の介護休暇制度はどうなっていますか。

1 地方公務員の介護休暇制度

　介護という家族的責任と仕事を両立させるために、介護休暇を保障する制度の充実が求められています。この点、地方公務員の介護休暇制度について定めた特別な法律はありませんが、1994（平成6）年9月、国家公務員について勤務時間法が施行され、これに併せて旧自治省が新しい準則を示したことにより、各自治体でも介護休暇に関する制度化が進みました。条例により、国家公務員以上の水準の介護休暇制度を設けている自治体もありますが、ここでは国家公務員の制度を紹介します（人規15-14）。

　なお、介護休暇の諸制度については人事院が発行している「両立支援ハンドブック」（http://www.jinji.go.jp/ikuzi/handbook.pdf）が参考になります。

2 介護休暇と短期介護休暇

　介護休暇とは、職員が、負傷、疾病または老齢により2週間以上にわたり日常生活を営むのに支障がある者（要介護者）の介護をするため、勤務しないことが相当であると認められる場合における休暇です。

　短期介護休暇とは、負傷、疾病または老齢により2週間以上にわたり日常生活を営むのに支障がある者（要介護者）の介護や必要な世話を行うため、勤務しないことが相当であると認められる場合における休暇です。

　短期介護休暇には要介護者の介護のほか「必要な世話」が含まれています。「必要な世話」とは、病院への付添いや介護サービスを受けるために必要な手続の代行等のことをいいます。

3 要介護者の範囲

　要介護者の範囲ですが、①配偶者、②父母、③子、④配偶者の父母に関しては、同居・別居を問いません。このほか、同居している⑤祖父母、⑥孫、⑦兄弟姉妹、⑧父母の配偶者、⑨配偶者の父母の配偶者、⑩子の配偶者、⑪配偶者の子も要介護者に含まれます。

　同居とは、基本的には職員の自宅で職員と日常生活をともにしている場

合をいいますが、今まで別居していた祖父母等の住居に泊まり込んで介護に従事する場合や、それらの者を職員の自宅に引き取って介護する場合も含まれます。

　要介護者の範囲は、介護休暇も短期介護休暇も同じです。

4　休暇を取得できる期間

　介護休暇は、要介護者の各々が介護を必要とする一つの継続する状態ごとに、連続する6カ月の期間内において必要と認められる期間、取得することができます。なお、この6カ月とは、1日単位や時間単位でとった休暇を積算して6カ月とするものではありません。

　短期介護休暇は、年間5日（対象となる要介護者が2人以上の場合は年間10日）まで取得することができます。

5　休暇の単位

　介護休暇も短期介護休暇も、1日または1時間単位の取得が可能です。ただし、時間単位で介護休暇を取得する場合には、1日を通じ、始業の時刻から連続し、または終業の時刻まで連続した4時間の範囲内となっています。

　短期介護休暇については、短期介護休暇の残日数のすべてを使用しようとする場合には、1時間未満の端数を使用することも可能です。

6　休暇中の給与

　短期介護休暇は特別休暇となるので有給です。

　これに対し、介護休暇を取得した場合は、勤務しない時間の給与額が減額となります。また、休暇の取得日数が30日を超えた場合は、勤勉手当の計算にあたり欠勤期間とみなされます。

7　休業手当金

　共済組合から、介護休暇を取得した日から3カ月を超えない期間まで、介護休業手当金が支給されます。互助会などで、これを補う給付制度をつくっている自治体もありますので、確認してください。

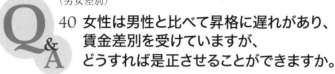

(男女差別)
Q&A 40 女性は男性と比べて昇格に遅れがあり、賃金差別を受けていますが、どうすれば是正させることができますか。

1　男女平等規定

憲法14条1項は法の下の平等を定め、憲法24条は婚姻をはじめとする家族生活における、個人の尊重と両性の平等を定めています。地公法13条はこの憲法の理念を再度法律でうたったものとなっています。

「世界の女性の憲法」ともいわれる女性差別撤廃条約は、1979（昭和54）年に国連総会で採択され、日本も1985（昭和60）年に批准しました。同条約1条は、性に基づく区別も差別につながること、また、差別する目的がなくても結果的にその効果がある行為は差別であることを定義しています。ILOは男女双方の労働者に対する平等な機会と処遇の確保をめざす、家族的責任を有する男女労働者の機会及び待遇の均等に関する条約（家族的責任条約）を1981（昭和56）年に採択し、日本も1995（平成7）年にこれを批准しています（Q37参照）。

労基法は、女性であることを理由とする賃金差別を禁じており（労基法4条）、均等法は、募集・採用についての性別を理由とする差別の禁止（均等法5条）、配置、昇進、降格、教育訓練、福利厚生の措置、職種および雇用形態の変更、退職勧奨、定年、解雇、労働契約の更新についての性別を理由とする差別の禁止（同法6条）の規定を置いています。

2　間接差別

男女差別には、「総合職は男性のみとする」というように、女性であることを理由として男性と異なる取扱いをする直接差別のほか、一見性別とは関係ない規定や基準であっても、その規定や条件が実際には一方の性の多くを排除したり不利益に取り扱う結果となる、いわゆる間接差別もあります。

たとえば、総合職・一般職などの複数のコースを設け、採用の際に男女別とはしないものの、実際には男性社員は全員総合職として採用され、多くの女性が一般職として採用されるような場合です。

3　女性であることを理由とする昇格、賃金差別

　昇格にあたってはさまざまな要素が考慮されるため、間接差別では女性であることを理由とする昇格差別の実態が明確になりにくいという問題があります。また、人事評価制度の導入が広がる中で女性が間接的に不利益を受ける事態も懸念されます。

　女性であることを理由とする昇格差別の疑いがある場合には、自治体当局に昇格の遅れについて問いただし、平等の処遇を求めるなど、日頃からの労働組合などでの昇格、賃金差別をさせない取組みが重要となります。

　給与その他の勤務条件に関し、不利益取扱いを受けたときは、人事委・公平委に措置要求をすることができます（地公法46条、**Q48**参照）。

　女性に対する昇格差別が問題となった鈴鹿市事件では、一審の津地裁は、「女子職員は同一の条件で同等の職務に服する限り、使用者（市）から男子職員に比し不当に不利益な差別待遇を受けない法律上の利益を有する」とした上で、原告に対し昇格発令をしなかったことが不当差別によるものであれば、「慰謝料はもとより本来なさるべき適正な昇格を実施された場合に受けたであろう給与と現に受けたそれとの差額を不法行為による損害賠償として被告市に請求しうる」として、給与の差額分、慰謝料などの支払いを鈴鹿市に命じました（津地判昭55・2・21労判336号20頁）。これに対し、二審の名古屋高裁は不当にも原告の請求を棄却しました（名古屋高判昭58・4・28判時1076号40頁）。

　賃金「差別」が認定された民間の事例では、いくつかの裁判例で差額賃金の支払いが認められており、これに加えて差額賞与、退職金、厚生年金の差額分、慰謝料などを認めた裁判例もあります（昭和シェル石油事件・東京地判平15・1・29労判846号10頁）。ただ、差別が認定されても、昇格そのものが認められた事案は多くありません。この点、民間の事例ですが、芝信用金庫事件・東京高判平12・12・22労判796号5頁は、昇格と賃金を一体のものとして捉え、原告らが同期の男性職員と同じ「課長職の資格にあること」を確認した点で画期的な判決といえるでしょう。

(母性保護)

41 母性保護としてどのような制度がありますか。
妊娠を理由とする降格は認められるのでしょうか。

1 母性保護

母性保護とは、女性が生命を生み育てるために有している月経、妊娠、出産、哺乳（ほにゅう）などの母性機能を保護することであり、女性が安心して働ける職場を作るための大切な課題です。

2 生理休暇

ほとんどの自治体において、特別休暇として、2日ないし3日の生理休暇を有給で取得することができます。

3 産前・産後休暇

労基法上は、出産前後の母体を保護するための産前・産後休暇は「産前6週（多胎の場合は14週）、産後8週」とされていますが（労基法65条1項、2項）、多くの自治体では、産前・産後各8週間または通算16週間（多胎の場合は産前14週間）とされています。

産前休暇は本人の申請によって取得することになりますが、産後休暇は強制的な休暇です。ただし、産後6週間を経過した職員について、本人の請求があり、かつ医師が支障がないと認めたときは、医師が認めた業務に就くことが可能です（同法65条2項）。

なお、出産とは、妊娠4カ月以上（1カ月は28日として計算）の分娩のことをいい、正常分娩のみならず死産（人工妊娠中絶を含む）も含まれます（昭23・12・23基発1885号）。

出産当日は産前に含まれます。予定日より出産が遅れ、産前休暇が8週間以上となった場合でも、産後休暇がその分短縮されることはありません。また、自治体によっては、産前・産後の通算制をとり、出産が早まった場合に産前休暇の短縮分を産後休暇に回せるところもあります。

正規職員については、産前・産後休暇ともに有給とされているのが普通ですが、非正規職員の有給保障は、多くはこれからの課題です。

4 妊産婦保護のための制度

　労基法は、使用者は、妊娠中の女性が請求した場合においては、他の軽易な業務に転換させなければならないとし（同法65条3項）、妊産婦の妊娠、出産、哺育（ほいく）等に有害な業務に就かせてはならないとしています（同法64条の3）。また、妊産婦が請求した場合、変形労働時間制、時間外・休日労働や深夜労働をさせてはならないことになっています（同法66条）。これらに違反した使用者は、6カ月以下の懲役または30万円以下の罰金に処せられます（同法119条）。

　さらに、均等法12条は、事業主が「その雇用する女性労働者が母子健康法の規定による保健指導または健康診査を受けるために必要な時間を確保することができるようにしなければならない」と定めており、妊娠23週までは4週に1回、25週から35週までは2週に1回、36週から出産までは1週に1回、出産後1年以内は医師や助産師の指示した回数により、通院休暇が取得できます。自治体当局は、医師等の指導事項に基づいて、勤務時間の変更、勤務の軽減等の必要な措置を講じなければなりません（均等法13条）。具体的には、妊娠中の時差通勤、勤務時間の短縮、妊娠中の休憩時間の延長、休憩回数の増加等の措置、妊娠中または出産後の症状に対応した作業の制限、休業等の措置が考えられます。

5 妊娠を理由とする降格

　マタニティ・ハラスメント（マタハラ）事件として注目を浴びた広島中央保健生協（C生協病院）事件・最判平26・10・23労判1100号5頁は、妊娠、出産、産前休業の請求、産前産後の休業または軽易業務への転換を理由とする不利益取扱いを禁止する均等法9条3項は強行規定であり、妊娠中の軽易業務への転換を「契機として」降格されたときは原則として違法となるとしました。この判決を踏まえて、均等法と育介法の解釈に関して、妊娠・出産等の事由を契機として不利益取扱いが行われた場合は原則として妊娠・出産等を理由として不利益取扱いがなされたと解するべきであるとする通達が出されています（平27・1・23雇児発0123第1号）。これは地方公務員にもそのままあてはまります。

◎コラム

ワーク・ライフ・バランス

　仕事と生活の両立支援をめぐる制度は、ワーク・ライフ・バランス（仕事と生活の調和）を実現するための重要な柱です。

　かつては、男性労働者は家族を顧みずに働き、女性労働者は早期退職して夫を支えるのがあたかも美徳であるかのような風潮がありました。**Q22**で触れた東亜ペイント事件をはじめとする配転事件における裁判所の態度は、それをあからさまに反映していたものともいえます。その後、「企業社会」批判が高まり、家族的責任条約（ILO156号条約）が批准され、少子化の進行による将来不安もあって、政府も、ワーク・ライフ・バランスを強調するようになりました（なぜワークが先でライフが後なのか、という問題はありますが）。

　こうした中で、配転事件に関する裁判所の判断も少しずつ変化してきました。明治図書出版事件東京地裁決定は育介法26条（労働者の配置に関する配慮）の趣旨に反するとして配転命令を無効とした初めての裁判例でした。

　また、ワーク・ライフ・バランスは、ILOが目標に掲げるディーセントワーク（decent work；働きがいのある人間らしい仕事）の不可欠の要素です。ディーセントワークが提唱された背景には、世界的に新自由主義が幅を利かせる中での貧相な就労の広がりがあります。わが国でも、男女、正規非正規を問わず、非人間的労働が広がる中、ディーセントワーク、そしてワーク・ライフ・バランスは、単なる政策ではなく、基本的人権として位置付けられるべきです。

　そして、各地の使用者の模範であるべき自治体は、職員が住民のために力を発揮できるよう、率先してワーク・ライフ・バランスの保障に取り組むべきです。

第6部

政治活動、選挙活動

（政治活動の制限）

42 地方公務員の政治活動はどのように制限されているのですか。

1 政治活動は憲法上保障されている権利

　地方公務員も憲法21条の表現の自由が保障されており、政治活動はその根幹です。しかし、地公法36条は非現業の政治活動について規制をかけています。本来、地方公務員は、民主政治のさまざまな場面で、その知識や経験を生かして貢献すべき存在ですから、これは不当な規制というほかありません。

　また当局は、しばしば、これを拡大解釈して、公務員は一切の政治活動ができないかのように宣伝することがありますが、それは大きな間違いです。

2 非現業に対する規制

　非現業に対する規制は以下の通りです（地公法36条）。同法2項は、特定の「目的」をもって特定の「行為」をすることが規制の対象です。

> 1項　政党その他の政治的団体の結成に関与し、若しくはこれらの団体の役員となってはならず、構成員となるように若しくはならないように勧誘運動をしてはならない。
> 2項　ア　特定の政党その他の政治的団体を支持し又は反対する目的
> イ　特定の内閣を支持し又は反対する目的
> ウ　特定の自治体の執行機関を支持し又は反対する目的
> エ　公の選挙又は投票において特定の人又は事件を支持し又は反対する目的をもつて、次に掲げる政治的行為をしてはならない。
> ①公の選挙又は投票において投票をするように、又はしないように勧誘運動をすること
> ②署名運動を企画し又は主宰する等これに積極的に関与すること
> ③寄附金その他の金品の募集に関与すること
> ④文書又は図画を庁舎、施設等に掲示し又は掲示させ、その他庁舎、

> 　施設、資材又は資金を利用し又は利用させること
> ⑤前各号に定めるものを除く外、条例で定める政治的行為

　これによっても、政党その他の政治団体の機関紙の配布、ビラの配布、街頭演説、集会・デモへの参加などは規制されていません。また、政治活動の制限区域は、④の「庁舎・施設利用の禁止」を除き、その公務員が勤務している行政区内においてだけです。

　最高裁は、国家公務員が行った政治活動が国公法に違反するか否かは、「公務員の政治的中立性を損なうおそれが実質的に認められるか否か」で判断するとして、①勤務時間外に、②国ないし職場の施設を利用せず、③公務員であることを明らかにせずに、④管理職的地位にない国家公務員が行った政治活動は、国公法が禁止する政治活動にあたらないとしました（堀越・宇治橋事件・最判平成24・12・7判時2174号21頁）。この考え方は地方公務員の政治活動にもあてはまります。

　なお、国家公務員が国公法の政治活動制限に違反した場合、行政処分のみならず刑事罰の対象となりますが（国公法102条1項、110条1項19号、人規14-7）、地方公務員については刑事罰の規定はありません。つまり、警察から弾圧・干渉される余地は全くありません。

3　公企・現業・地方独法職員・特別職に対する規制

　公企・現業・特定地方独法職員は、一部の管理職を除き、いずれも地公法36条の適用がありません（地公企法39条2項、地公労法附則5条、地方独法53条2項）。

　また、特別職は地公法が適用除外されていますし（地公法4条2項）、一般地方独法職員は非公務員であるため（地方独法47条参照）、いずれも政治活動規制の対象外です。

4　条例による政治活動の規制

　大阪市などでは、地公法36条2項5号を根拠に、条例によって職員の政治活動を広汎に規制しています。しかし、国公法と比べて政治活動の自由を広く認めている地公法36条の趣旨からすれば、これは違法です。また、条例によって罰則を設けたり、公企・現業などを規制対象とすることはできないというのが確立された行政解釈です。

(条例制定直接請求等の受任者)

43 地方公務員は条例制定の直接請求の受任者になれますか。市長の解職請求ではどうでしょうか。

1 条例制定の直接請求とは

有権者は、総数の50分の1以上の連署により、知事または市町村長に対して条例の制定または改廃を請求することができます(自治法74条1項)。これは住民の参政権の一つであり、住民自治の原理から、住民に直接の政治参加の機会を認めたものです。

条例制定の直接請求をしようとする有権者は、条例制定請求書を知事または市町村長に提出し、請求代表者証明書の交付申請を行い、同証明書の交付を受けることで請求代表者となります。署名の収集は、請求代表者が直接行うか、署名収集の委任を受けた者(受任者)が行わなければならず、請求代表者証明書交付の告示があった日の翌日から一定の期間内(都道府県および政令指定都市の場合2カ月以内、それ以外の市町村の場合1カ月以内──自治法施行令92条3項)に行わなければなりません。

知事または市町村長は直接請求を受理した日から20日以内に議会を招集し、意見を付してこれを議会に付議しなければなりません。議会では、過半数の議決により条例案の可否を決するほか、修正を行うことも可能です。

2 解職請求とは

有権者は、総数の3分の1以上(40万を超えるときは、40万を超える数の6分の1と40万の3分の1を合計した数以上、80万を超えるときは、80万を超える数の8分の1と40万の6分の1と40万の3分の1を合計した数以上)の連署により、選挙管理委員会に知事または市町村長の解職を請求することができます(自治法81条1項)。

署名収集を請求代表者または受任者が行うことや署名収集期間の制限は条例制定の直接請求の場合と同じです。

請求が有効であれば、請求から60日以内に住民投票が行われ(同条2項)、過半数の賛成があれば知事または市町村長は失職します(同法83条)。

3 受任者となることの可否

 一般職の国家公務員は、条例制定や解職請求の直接請求についての署名運動が明文で禁止されていますが（国公法102条、人規14-7第5項7号、8号、第6項8号、9号）、地方公務員については、受任者になること自体に一般的な規制はありません。

 すなわち、非現業については、「特定の地方公共団体の執行機関を支持し、またはこれに反対する目的をもって、あるいは公の選挙又は投票において特定の人又は事件を支持し、またはこれに反対する目的をもって」（目的要件）、「署名運動を企画し、またはこれを主宰する等これに積極的に関与すること」（行為要件）が禁止されていますが（地公法36条2項2号）、条例制定の直接請求それ自体は、「特定の地方公共団体の執行機関を支持し、またはこれに反対する目的」には該当しません。また「公の選挙又は投票」にも該当しないとされているので（行実昭45・1・14自治公一43号）、非現業が条例制定の直接請求署名の代表者や受任者となることは差し支えありません。

 これに対し、解職請求署名の代表者や受任者となることは、「特定の地方公共団体の執行機関に反対する目的」で、「署名運動を企画し、またはこれを主催する」行為に該当すると解されています（行実昭45・9・25自治公一29号）。したがって、非現業が解職請求署名の代表者や受任者になることはできません。

 この場合でも、その職員の勤務する自治体の区域外（政令指定都市の場合は勤務する区の区域外）においては、署名運動への積極的な関与は禁止されていません（同項ただし書）。また、代表者や受任者になるのでなければ、署名自体に積極的に取り組むことは規制されていません。

 これに対し、公企・特定地方独法職員（いずれも管理者等を除く）、現業、特別職、一般地方独法職員については、そもそも地公法36条は適用されませんので（Q42参照）、代表者や受任者となることができます。

(地方公務員の選挙活動の自由)

44 地方公務員の選挙活動にはどのような注意が必要ですか。

1 公職選挙法による規制

　選挙事務関係者、選管職員、警察官、収税官吏および徴税の吏員などの特定公務員は、在職中、選挙運動が禁止されています（公選法136条）。また、地方公務員、特定地方独法の役職員は、その地位を利用して選挙運動および選挙運動の準備行為・地盤培養行為をすることが禁止されます（同法136条の2）。

　これらの公選法上の規制の対象となる公務員には、一般職のみならず、公企・現業や特別職も含まれます（一般地方独法職員は非公務員ですので含まれません）。

2 地公法による規制

　地公法36条では非現業の政治活動および選挙運動が規制されていますが、刑事罰は科されていません（Q42参照）。

　また、ここで規制されているのは投票の「勧誘運動」であり、投票勧誘や入会勧誘一般が規制されているのではありません。この「勧誘運動」の意義については、「その行為が組織的計画的にして継続的且つ相応の規模を有するもの」（東京地判昭40・9・30判時433号56頁）、「単なる投票依頼といった領域を著しく超えるところの、組織的、計画的または継続的な方法によって特定候補者への投票を訴える行為」（高松簡易保険局事件・高松高判昭54・1・30刑集35巻7号788頁）と解されています。したがって、①組織的、②計画的、③継続的、④相当規模という指標を満たさない限り、「勧誘運動」にはあたりません。

3 組合活動と政治活動・選挙運動規制との関係

　地公法による政治活動制限は、非現業の職員個人のみを対象としており、その職員が結成加入する職員団体、労働組合の行う政治活動にはおよびません。行政解釈でも、「団体自体の意志及び行為と当該団体の構成員である職員自体の意志及び行為とは一応別個のものであり、前者については地

公法36条1項および2項の規定は、直接触れているものではなく、同項の規定は直接には職員自体の行為を対象とするものである」とされています（昭26・4・16地自公発159号）。この理は選挙運動についてもあてはまります。

したがって、職員団体・労働組合は、団体として政治活動や選挙運動を行うことができます。

4　組織内部行為

団体の意思決定行為やその伝達行為などは、現象的には個人の行為であっても、団体が団体として活動するために必要不可欠な行為です。したがって、団体として選挙運動を行うことが認められる以上、団体のために行われる構成員の行為は「組織内部行為」として公選法や地公法の規制を受けないこととなります。たとえば、組合で特定候補の推薦を決定したことを組合員に伝達するなどの行為がこれに該当します。

「組織内部行為」として評価されるためには、①団体の意思決定に基づいていること、②文書の文言や体裁あるいは口頭による表現内容なども、その意思決定を伝達し、それを実現するために必要な範囲を保っていること、③意思決定した内容の伝達手段・方法も選挙以外のときと同じ手段・方法を用いていることが必要とされています。

5　インターネットの活用

2013（平成25）年の公選法改正により、インターネットによる選挙運動が大幅に解禁されました。告示後、ウェブサイト等を利用する方法（SNSや動画共有サイトも含まれる）の場合、電子メールアドレスなど、投稿者に直接連絡を取ることができる連絡先を表示していれば、自由に選挙運動を行うことができます。ただし、上述の「勧誘運動」に該当する場合は地公法の制限を受けます。

また、選挙運動期間前は、事前運動規制があるため、直接的な投票依頼文言は控える必要があります。

なお、電子メールを利用する方法による選挙運動は、公選法改正後もできないとされていますが、「組織内部行為」と評価される場合であれば、電子メールを利用した組合内部への情報発信は可能です。

（住民投票と政治活動）

Q45 住民投票が実施される際に地方公務員が宣伝活動を行うことができますか。

1 広がる住民投票

行政の行う政策について、住民に直接その賛否を問う住民投票が増えています。1996（平成8）年に新潟県巻町で原子力発電所の建設の是非を問う住民投票が行われたのが、住民投票条例による日本初の住民投票とされています。また、2000（平成12）年には徳島市で吉野川の可動堰建設計画の賛否を問う住民投票が、2001（平成13）年には、新潟県刈羽村で既存原発へのプルサーマル計画導入の是非を問う住民投票、三重県海山町（現紀北町）でも原発建設についての住民投票が行われました。平成の大合併が進められた時期には、合併の是非や枠組みを問うための住民投票が急増しました。2015（平成27）年には大阪市の解体に関して住民投票が行われました。また、同年には、埼玉県所沢市で航空自衛隊入間基地近くの防音設備のある小中学校へのエアコン設置の賛否について、愛知県小牧市でいわゆる「TSUTAYA図書館」の賛否について、さらに大阪府和泉市で市役所庁舎の建替場所を問う住民投票が行われるなど、テーマ設定の当否は別としても、各地でさまざまなテーマでの住民投票が行われるようになってきています。

2 住民投票の根拠法令と投票活動の制限

住民投票には、①市町村の合併の特例に関する法律（合併特例法）4条、5条による場合、②大都市地域における特別区の設置に関する法律（大都市特別区設置法）7条による場合、③憲法95条、自治法261条による地方特別法制定の場合、④各自治体が設けた住民投票条例に基づいてなされる場合などがあります。そして、それぞれの法令ごとに投票運動の制限について規制を設けています。

①につき、合併特例法5条32項は、住民投票について、公選法の自治体（普通地方公共団体）の選挙に関する規定を準用しています。もっとも、この場合には、「公職の候補者」が存在しないので、公選法上、公職の候補

者と関連づけて定められている規制は適用されません。したがって、公務員や教員の地位利用による投票運動の禁止（**Q46**参照）、投票運動目的の戸別訪問の禁止、投票に関して投票を得ることを目的とした署名運動の禁止、特定公務員の投票運動の禁止などは適用されますが、一方で、事前運動の禁止、文書図画の規制、拡声器の利用規制、インターネット利用規制などは適用されません。

②③についても①と同じ規制となっています（大都市特別区設置法7条6項、自治法262条1項）。

④については、住民投票条例は、通常、条例の中にそれぞれ住民投票運動に関する規制を設けていますので、その規制によることになります。たとえば、1996（平成8）年6月に沖縄県で制定された、日米地位協定の見直しおよび基地の整理縮小に関する県民投票条例は、15条で「県民投票に関する運動は、県民の自由な意思が拘束され、若しくは不当に干渉され、又は県民の平穏な生活環境が侵害されるものであってはならない」と定めていました。

この場合、条例によって公選法を準用できるかが問題となります。これについては、そもそも条例は「法律の範囲内で」制定し得るものであるところ（憲法94条）、民主主義の根幹をなす重要な権利として憲法上保障された表現の自由を、法律の委任なしに条例で刑罰法規たる公選法を準用して広汎な規制下に置くことには、憲法上重大な疑義があります。

3　地公法による政治活動の制限

地公法36条により非現業が住民投票に関連して制限されるのは、「公の投票において特定の事件を支持し又は反対する目的」で投票勧誘運動、署名運動、寄附金募集または庁舎等の利用をすることだけで（**Q42**参照）、それ以外の政治活動を行うことは問題ありません。したがって、投票勧誘運動にあたらない限り、ビラまきや街頭での演説などの宣伝活動は、拡声器を用いることも含めて、自由にできます。

(憲法改正国民投票と地方公務員)

46 憲法改正の賛否を問う国民投票で地方公務員はどのような活動ができますか。

1 公務員の政治活動・選挙活動の自由

政治活動・選挙活動は、憲法21条に定められた表現の自由の中核をなすものです。とりわけ憲法を変えるか否かという憲政上の重要な局面では、地方公務員を含むすべての国民にこれらの権利が強く保障されなければなりません。

日本国憲法の改正手続に関する法律（国民投票法）100条の2は、公務員は、公務員の政治的行為禁止の他の法令の規定にかかわらず、「国会が憲法改正を発議した日から国民投票の期日までの間、国民投票運動（憲法改正案に対し賛成又は反対の投票をし又はしないよう勧誘する行為をいう）及び憲法改正に関する意見の表明をすることができる」と規定しています。

したがって、国民投票に際して、地公法36条の政治活動制限（Q42参照）が問題になることはなく、投票の勧誘や意見の表明を自由に行うことができます。

2 国民投票法上の規制

ただし、国民投票法102条は、特定公務員（地方公務員としては、選挙管理委員会の委員および職員、都道府県公安委員会若しくは方面公安委員会の委員、警察官）の国民投票運動を禁止しています。

また、同法103条1項は、公務員が「その地位にあるために特に国民投票運動を効果的に行い得る影響力又は便益を利用して、国民投票運動をすること」（公務員等の地位利用による国民投票運動）を禁止しています。

問題はここにいう地位利用の意味ですが、これは公選法上の地位利用が、「その公務員としての地位にあるがために特に選挙運動等を効果的に行いうるような影響力又は便益を利用する意味であり、職務上の地位と選挙運動等の行為が結びついている場合をいう」（選挙関係実例判例集（第16次改訂版）1049頁）とされているのと同様に考えることができます。したがって、地位利用が問題になるのは、補助金や交付金の交付、事業の実施・許

可・認可などの職務権限を有している公務員が、その関係者に対して権限に基づく影響力を利用する場合や、公務員の内部関係において指揮命令権や人事権を有する公務員が、その権限の対象となる公務員に対して影響力を利用する場合などに限られます。

独自の権限をもたない一般の公務員が地位利用の問題に直面することは、ほとんどありません。

教員（幼稚園教諭を含む）については、同条2項で「学校の児童、生徒及び学生に対する教育上の地位にあるために特に国民投票運動を効果的に行い得る影響力又は便益を利用して、国民投票運動をすることができない」とされています。したがって、現役の教員が保護者や生徒に対して投票勧誘などの行為を行うことは避けた方がよいでしょう。

3　国民投票法改正の動向に注意

国民投票法は、附則で「国は、この法律の施行後速やかに、公務員の政治的中立性及び公務員の公正性を確保する等の観点から、国民投票運動に関し、組織により行われる勧誘運動、署名運動及び示威運動の公務員による企画、主宰及び指導並びにこれらに類する行為に対する規制の在り方について検討を加え、必要な法制上の措置を講ずるものとする」と定めています。そこで、今後、この附則を根拠に、新たに公務員の国民投票運動に対する規制が設けられる危険性があります。

しかし、最初に述べたように、国民投票運動を含む政治活動の自由は、国民の重要な人権の一つであり、公務員も自由に国民投票運動ができるのが原則です。最高裁判所も、公務員の政治活動の制限について「公務員の政治的中立性を損なうおそれが実質的に認められるか否か」という基準で判断すべきと判示し、限定的に捉えています（堀越・宇治橋事件・最判平24・12・7判時2174号21頁）。公務員に対する不当な規制が設けられることをいかに防ぐかが今後の課題といえます。

◎コラム
時代錯誤の大阪府市政治活動制限条例

　何かとお騒がせの大阪市では、公務員は市民の敵といわんばかりのキャンペーンが張られ、2011（平成 23）年に職員基本条例、2012（平成 24）年に労使関係条例と政治活動制限条例が制定されました（大阪府でも同様の条例が制定）。

　職員基本条例は、幹部の政治的任用、職務命令絶対主義と厳罰主義、成果主義の導入など、さまざまな問題を抱えるものです。

　労使関係条例は、管理運営事項についての意見交換禁止、交渉内容の無限定公開、使用者の「適正かつ健全な労使関係」確保義務、便宜供与の全面否定など、団結権を著しく侵害するものです。

　そして、政治活動制限条例は、地公法適用職員（非現業）に対する政治的行為の制限範囲を、国家公務員並みに拡大するものです。当初は、違反行為に罰則を設けよう、さらに公企・現業も規制しようともしていましたが、政府からダメ出しされたため、それなら非現業だけでもということになったのです。

　これは、堀越・宇治橋事件最判（**Q42** 参照）の示した方向性と真っ向から対立するものです。この最判は、冷戦時代の産物ともいうべき猿払事件・最大判昭 49・11・6 刑集 28 巻 9 号 293 頁を事実上変更して、国家公務員の政治活動の自由を回復するものでした。考えてみれば、公務員だって勤務を離れれば一人の主権者です。その公務員が勤務時間外に政治的な活動したからといって、公務が中立でなくなるはずがありません。今回の最高裁の判断はごく常識的なものであり、それまでがあまりにも非常識だったのです。

　大阪府市の政治活動制限条例は、時代錯誤そのものであり、職員基本条例、労使関係条例ともども、早急に廃止されるべきです。

第7部

権利救済制度

(権利救済制度)

47 自治体職員の権利救済のための制度にはどのようなものがありますか。

1 措置要求制度・審査請求制度

　自治体職員も憲法28条の「勤労者」にあたり、労働基本権が保障されています。しかし、他方で、公務員としての地位や職務の特性から争議権や団体協約締結権が制限されています。このような制限の合憲性については多くの批判がありますが、労働基本権制限のいわゆる代償措置として、経済上の権利を担保するための勤務条件に関する措置要求制度（Q48参照）と、身分保障を支えるための不利益処分に対する審査請求制度（Q49参照）が設けられています（いずれの制度も非現業のみが対象です）。

2 労働委員会制度

　非現業以外（公企、現業、地方独法職員、特別職非常勤）の労働争議の調整制度として、労働委員会（労委）による、あっせん、調停、仲裁があります。民間の労働争議とは異なり、労委の決議によって強制的に調停や仲裁ができる、強制調停（地公労法14条3～5号）、強制仲裁（同法15条3～5号）の制度があるのが特徴です。

　さらに、不当労働行為（労組法7条）に該当する事実があったときには、不当労働行為の救済申立制度が利用できます。

　不当労働行為の救済申立ては、地公労法11条の争議行為禁止違反を理由とする解雇については、解雇が行われた日から2カ月以内に（地公労法16条の3第1項）、その他の不当労働行為については、1年以内に行わなければなりません（労組法27条2項）。

　労委が救済申立に理由があると判定した場合には、救済命令が出されます。労委命令には広い裁量権が与えられているのが特徴です（第二鳩タクシー事件・最大判昭52・2・23民集31巻1号93頁）。救済命令が確定したのに当局が従わない場合、過料による制裁があります。命令に不服がある場合には、命令を受けた日から15日以内に中労委へ再審査の申立てをするか、または、労働者・労働組合側は6カ月以内、使用者側は30日以内に裁判所

に取消訴訟を提訴することになります。

3　労働局の個別労働関係紛争解決制度

各都道府県の労働局では、個別労働関係紛争の解決のために総合労働相談や、労働局長による助言・指導（個別労働関係紛争の解決の促進に関する法律4条）、紛争調整委員会によるあっせん（同法5条）を行っています。紛争調整委員会は、弁護士や学者等の労働問題の専門家で構成されています。

原則として1回のあっせんで合意できない場合は打ち切りとなることや、強制力がないなどの弱点もありますが、費用がかからないことが利点となっています。ただし、地方公務員のうち非現業は、同法の適用が除外されており、利用できません（同法22条）。

4　労働審判制度

労働審判は、地方裁判所が管轄し、個別労働関係民事紛争に関して、調停による解決を試みつつ、調停できない場合には、原則として3回以内の期日で労働審判（当事者間の権利関係を踏まえつつ事案の実情に即した解決をするために必要な審判）を行う制度です。

手続は、1人の審判官（裁判官）と労働関係について専門的な知識を有する労使各1名の審判員の計3名から構成される労働審判委員会によって行われます。

民事紛争が対象ですので、公務員の身分問題、処分、異動配転、給与・手当請求などに関する紛争では利用できませんが、セクハラ・パワハラや労災など自治体の安全配慮義務違反などを理由とする損害賠償請求（Q51、52参照）に関しては、非現業を含めて利用できます。

5　訴訟

裁判を受ける権利は憲法32条によって保障されており、違法な不利益処分や取扱いを受けた職員は、それが法律上保護されるべき権利、利益にかかわるものである以上、最終的には裁判へ出訴できます。もっとも、審査請求の対象となる不利益処分は、原則として裁決を経たうえでなければ出訴できません（地公法51条の2。Q49参照）。

(措置要求)

Q48 勤務条件に関する措置要求はどういう場合に使えますか。

1 措置要求制度の趣旨

非現業（条件附採用職員および臨時職員も含む）は、給与、勤務時間その他の勤務条件に関し、人事委・公平委に対して、自治体の当局により適当な措置が執られるべきことを要求することができます（地公法46条）。

この措置要求制度は、とりわけ非現業について労組法の適用が排除され、争議権のみならず団体協約締結権までもが制約されるとともに、不当労働行為救済申立ての途も閉ざされていることに対する、いわゆる代償措置の一つとされており、勤務条件の安定と保障をはかるために設けられた制度です。

なお、公企・現業や地方独法職員、特別職非常勤にはこの制度の適用はありません。また、申立てができるのは職員個人だけであり、職員団体には申立権はありません。

2 措置要求の対象事項

措置要求の対象となるのは、給与、勤務時間その他の勤務条件に関することとされており、職員団体の交渉の対象となる勤務条件と同義であるとされています（刈谷市事件・名古屋地判昭60・1・30判時1155号253頁ほか）。たとえば、諸手当を含む給与、旅費、勤務時間、休日、休暇、昇給、配転、専従許可、福利厚生、安全衛生など、その範囲はかなり広いものとなっています。

他方で、職員の経済的地位の向上に関連しない事項や、職員定数の増減、予算の増減などの管理運営事項は措置要求の対象とはならないとされています。

もっとも、管理運営事項だとしても、勤務条件と密接に関連する場合には、措置要求の対象になると解されています（なお、団体交渉の対象になるかについてはQ70参照）。たとえば、職員の定数そのものは管理運営事項になり、措置要求の対象とすることはできませんが、これを勤務条件の側面

から、職員の定数配置が少ないため過重な時間外勤務を行わざるを得ない勤務時間の問題として措置要求を利用することはできますし、教員の自主研修の承認・不承認も勤務条件性を有するとされています（名古屋市人事委（大高北小）事件・名古屋高判平4・3・31労判612号71頁）。

また、勤務評定自体は措置要求の対象とはなりませんが、勤務評定の結果、勤勉手当が減額されるなどした場合の当該具体的な措置については、措置要求の対象になるとされてきました（各務原市事件・岐阜地判平20・2・27裁判所ホームページ、三浦健康学園事件・東京地判平22・5・13労旬1726号54頁、東京都事件・東京地判平22・5・28労判1012号60頁など）。現行の人事評価についても同様です（**Q25**参照）。

3　手続の流れ

措置要求は書面で行わなければなりません。措置要求がされると、人事委・公平委は職権に基づき、書面審理または口頭審理で審査を行い、事案を判定し、自ら実行するか、関係機関に必要な勧告をします（地公法47条）。

判定では、平等取扱の原則（同法13条）、情勢適応の原則（同法14条）、均衡の原則（同法24条3、5項）などに照らして、適正であるかどうかを判断します。法律上の適否だけではなく、当・不当の問題も扱えますし、さらには条例や規則の改廃について勧告もできますので、これにより職員の経済的利益を弾力的に保護し、改善することが期待されています。

措置要求が認められた例として、給与改定の実施時期につき、教育職員の給与についてのみ、県にならって7月実施とした措置は合理性・公平の原則に反する、として4月1日に遡及して実施するのが適当と認めた判定（姫路市公平委昭52・10・31）や、消防組合職員の非番日の時間外勤務が祝日に重なった場合に、給与条例や労基法に基づき3割5分の割増賃金を支給するのが適当と認めた判定（富士宮市ほか4組合公平委平19・12・19）などがあります。

勧告には、法律上の拘束力はありませんが、勧告を受けた機関が可能な限り尊重すべき政治的、道義的責任を負うことは当然です。

措置要求の判定結果に不服がある場合、再審の手続をとることはできませんが、判定から6カ月以内に裁判所に行政訴訟（取消訴訟）を提起することができます。

(不利益処分に対する審査請求)
Q49 不利益処分に対する審査請求とはどのような手続ですか。

1 不利益処分に対する審査請求

非現業(条件附採用職員および臨時職員を除く)が不利益処分を受けた場合には、人事委・公平委に不利益処分に対する審査請求ができます(地公法49条の2)。この制度は、公務員の身分保障を実質的に担保するための公務員法独自の制度です。

なお、行政不服審査法(行審法)の改正(2016(平成28)年4月施行)に伴い、従前の不服申立て(審査請求および異議申立て)は審査請求に一本化され、審査請求をすることができる期間も処分のあったことを知った日の翌日から3カ月以内になりました(地公法49条の3)。

公企・現業や地方独法職員、特別職非常勤にこの制度の適用がないことは措置要求と同様です。また、条件附採用職員(いわゆる試用期間中の職員)および臨時職員は、措置要求とは異なり、審査請求をすることはできません(同法29条の2)。これらの職員は、不利益処分に不服があるときは、処分があったことを知った日から6カ月以内、または処分があった日から1年以内に、裁判所に取消訴訟を提起する必要があります(なお、非公務員である一般地方独法職員は取消訴訟ではなく、民事訴訟になります)。

2 審査請求の対象事項

審査請求の対象となる不利益処分とは、「懲戒その他その意に反すると認める不利益な処分」と規定されています(地公法49条1項)。懲戒処分や分限処分が不利益処分にあたることは明白ですが、不利益処分にあたるか否か検討を要する場合も少なくありません。

訓告、依願退職、転任・出向、昇給延伸などについて、一般的には不利益処分でないとされていますが、反組合的な差別行為として給与上の不利益な取扱いを受けたような場合には、不利益処分にあたると解されています。

なお、訓告が懲戒処分にあたるかはQ12を、転任が不利益処分にあた

るかはQ21、22を、それぞれ参照してください。

3　手続の流れ

　審査請求は書面で行わなければならず（行審法9条1項）、また、審査請求は、処分があったことを知った日の翌日から起算して3カ月以内または処分があった日の翌日から起算して1年以内にしなければなりません（地公法49条の3）。ここで、「処分があったことを知った日」とは、職員に処分が通知された日であり、分限処分や懲戒処分の場合には、それぞれの手続を定める条例によって、辞令を交付して行うこととされていますので、通常は辞令が交付された日の翌日から起算することになります。

　審査請求ができる期間を経過したときは、人事委・公平委はその申立てを受理することはできません。この場合には、審査請求前置により取消訴訟を提起することもできないので、注意が必要です。

　審査手続は、書面審理、口頭審理（公開、非公開）いずれで行うことも可能です。審査請求人が口頭審理を要求した場合には口頭審理で行わなければならず、また公開審理を求めた場合も同様です（同法50条）。書面審理で行われていた場合でも、途中から要求して口頭審理に切り替えることも可能です。

　人事委・公平委は、審理の結果に基づき、処分の適法・違法のみではなく、当・不当についても判断をし、修正・取消しや回復といった適切な措置をとるよう裁決を行うことになります。

　この裁決は、措置要求の判定とは異なり、形成的効力を有しており、当事者を拘束します。したがって、裁決の内容が処分の修正・取消しである場合には、任命権者の何らの処分を待つことなく、さかのぼって処分内容が修正され、または処分が行われなかったことになります。

　裁決に不服がある場合、裁決があったことを知った日から6カ月、または裁決があった日から1年以内に、裁判所に取消訴訟を提起することができます。審査請求の対象となる処分については、原則として、人事委・公平委の裁決を経た後でなければ裁判所に対し取消訴訟を提起することができません（地公法51条の2）。

◎コラム
自治体職員の労働審判の活用

　労働審判は、原則 3 回以内の期日で審理を終結すべきとされていることもあり、その平均審理期間は 2.6 カ月（平成 26 年度）となっています。また、調停成立率も約 7 割と高く、有益な労働紛争解決手段となっています。しかし、行政事件訴訟として争われる事件については労働審判は利用できないとされています（**Q47** 参照）。

　では、公務員の紛争でも行政訴訟の対象ではなく、民事訴訟の対象となる事件については、どうでしょうか。

　この点、労働審判法案を検討した、司法制度改革推進本部労働検討会において、公務員についても「紛争が一般民事としての性格であれば、労働審判事件の対象に含まれてくる可能性は十分ある」（第 31 回議事録）との参事官による回答がされていることなどからすれば、公務員の紛争でも民事事件の対象となる事件については、労働審判を利用できるといえます。

　ところで、公務員の紛争が行政訴訟なのか、民事訴訟なのかについては、取消訴訟などの場合は別として、必ずしも厳密に区別されていません。特に行訴法 4 条に規定される「実質的当事者訴訟」については、民事訴訟と区別する実務上の特段の意味は乏しいという指摘もされています。そうであれば、労働審判による解決がなじむのかどうかを実質的に判断すべきといえます。

　この点、非常勤職員の時間外手当請求について、当事者訴訟にかかる申立てであるとして、労働審判の申立てが却下されたものもありますが、同種事案を民事訴訟として扱っている裁判例もあります。早期の紛争解決をめざす労働審判制度の趣旨からすれば、地方公務員の時間外手当請求にも利用できると考えるべきです。

第8部

職場のトラブル

（パソコン検査）
Q50 上司が職場のパソコンのメールを調査するといっています。応じなければならないでしょうか。

1 プライバシー保護

誰にでも他人に知られたくない私的領域（プライバシー）があり、プライバシー権は憲法13条の幸福追求権の一つとして法的に保護されます。これは職場においても同様であり、たとえば、大阪市が職員に対して実施したアンケートのうち、特定の政治家を応援する活動への参加の有無などを問うものがプライバシー権を侵害するとして損害賠償が命じられています（大阪市事件・大阪地判平27・1・21労判1116号29頁、同平27・3・30判例秘書）。

ところで、現代社会においてメールは情報伝達の一般的な手段として定着しており、職場のパソコンやネットワークを通じても、さまざまなやりとりがなされます。これらは本来使用者の管理下のものといえますが、他方で、労働者が望むと望まざるとにかかわらず、プライベートな事実を含む連絡がそこでやり取りされることも多々あります。

また、パワハラ、セクハラその他職場の人間関係をめぐるトラブルについて上司や相談窓口に相談する場合などでは、業務と関連するとはいえ、第三者に知られることを想定していない内容が含まれることも、十分に考えられます。あるいは、利害関係を有する部署に知られないようにして公益通報をするような場合もあります。このような場合に、使用者の管理下にある職場のパソコンやネットワークを用いたやりとりであることを理由にプライバシーが保護されないとすれば、さまざまな支障を生じます。そこで、使用者の管理権と労働者のプライバシー権との調整が必要となります。

2 ネットワーク監視・パソコン調査が認められる場合

所持品検査について、最高裁は、あらかじめ就業規則などに明記され、これを必要とする合理的理由に基づいて、一般的に妥当な方法と程度で、画一的に実施されるものでなければならないとしています（西日本鉄道事件・最判昭43・8・2民集22巻8号1603頁）。

これに対し、社内ネットワークを用いた私的メールについては、電話よ

りもプライバシー保護の範囲は相当程度低減されるとして、職務上監視する立場にない者が監視したとか、業務上の合理的必要性がないのに監視した、あるいは担当者個人の恣意に基づく手段方法により監視した場合など、社会通念上相当な範囲を逸脱した監視がなされた場合に限り、プライバシー権の侵害になるとした裁判例があります（F社Z事業部事件・東京地判平13・12・3労判826号76頁）。また、社内における誹謗中傷メールおよび過度の私用メールの調査について、必要性、相当性からみて適法とされた裁判例もあります（日経クイック情報事件・東京地判平14・2・26労判825号50頁）。ただ、これらの事例では、事前のルールが明示されておらず、これを一般化するのには疑問があります。

　自治体の例では、職場のパソコンを用いて勤務時間中にパワハラ被害に関する私的文書を作成した行為が職務専念義務違反として問題とされたケースで、パソコン調査があり得ると周知されており、調査目的も違法行為の確認という正当なものであったとして、調査は適法とされたものがあります（美浦村事件・水戸地判平24・9・14判例自治380号39頁）。

　このような裁判例を踏まえると、使用者によるネットワーク監視やパソコン検査が許されるためには、次の要件が必要であると考えられます。

　①事前に調査の目的や手続に関する規定が整備され、労働者に周知されていること。そうすることによって、労働者はいかなる場合にどのような調査がなされるのかを予測できるからです。

　②調査の目的が正当であり、かつ、調査の方法が相当で、目的を達成するために必要かつ合理的な範囲にとどまるものであること。目的については、たとえば、当該職員が非違行為を行っている疑いがある場合などに限られるべきです。調査方法も、パソコン検査については、まず当該職員の説得を試み、当該職員が応じないなどの手順が踏まれるべきでしょう。

　なお、ネットワークの監視は、継続的な盗聴と同じことになりますので、明確な違法行為の嫌疑があること、他に適当な手段がないことなどの要件が加重されるべきでしょう。

　あわせて、調査結果が別の目的に濫用されるおそれがないこと、あらかじめ定められた手続が遵守されていることも必要です。

（セクハラ）
51 職場で職員からセクハラを受けていますが、どうしたらよいでしょうか。

1 セクハラとは何か

　職場における性的な嫌がらせを、一般に、セクシュアル・ハラスメント（セクハラ）といい、「対価型」と「環境型」があるとされています。

　「対価型」とは、性的な言動に対する労働者の対応により労働者が労働条件について不利益を受けることです。たとえば、デートやキスの要求などの性的な言動を拒否・抵抗したことで、労働者が解雇、降格、減給などの不利益を受ける場合がこれにあたります。

　「環境型」とは、性的な言動により労働者の就業環境が害されることです。たとえば、職場で卑猥な会話が繰り返されたり、ヌード写真が飾られたりすることによって労働者が苦痛に感じ、就業意欲が低下する場合がこれにあたります。

　セクハラは労働者の人格を傷つけるものであり、許されません。

　使用者には、セクハラなどの人格権侵害が生じないよう職場環境を整える義務（職場環境配慮義務）があり、均等法は、事業主に対し、セクハラについて労働者からの相談に応じ、適切に対応するために必要な体制の整備その他の雇用管理上必要な措置を講じることを義務付けています（均等法11条）。この規定は地方公務員にも適用されます（同法32条参照）。措置義務の内容については、厚労省が指針を定めています（平18厚労省告示615号）。なお、国家公務員については、均等法の成立に合わせて、人規10-10およびその運用に関する人事院事務総長通知（職福-442、最終改正平19・2・9）が定められており、各自治体において、セクハラに関する要綱、内規などを定める場合には、概ねこの人規や通知に沿った内容となっています。

2 セクハラへの対処方法

　セクハラに対しては、はっきりと拒絶の意思を示し、その行為がセクハラだということを相手に伝えることが大切です。しかし、当事者が1人で

拒絶の意思を表示したり、抗議をしたりするのは、容易ではありません。そこで、労働組合やセクハラ相談窓口、信頼できる上司に相談するなどして、職場の問題として取り組むことが望まれます。そして、セクハラ被害者には適正な配慮を講じ、加害者に対しては厳正に対処することを求めていくことが必要です。

　職場のセクハラによってうつ病などの精神障害を発症した場合は、公務災害にあたります（**Q56**参照）。公務災害を申請するにあたっては、セクハラの具体的な態様を証拠化していく必要があります。写真や録音のほか、時・場所・態様に関する克明なメモを残すなどの方法が一般的です。早い段階から労働組合や弁護士に相談して、準備を進めるのがよいでしょう。

　また、セクハラは違法行為ですから、損害賠償を請求することも可能です。公務員が職務に付随してセクハラを行った場合には、自治体が国賠法上の損害賠償責任を負うことになります（**Q63**参照）。セクハラの違法性判断は民間の事案と同じであり、多数の裁判例が集積されていますが、自治体の責任が認められた例としては、係長の「不倫しよう」、「早く結婚しろ」、「子どもを産め」などの発言が環境型セクハラに該当する違法行為であり、さらに被害者からセクハラの相談を受けた課長が適切な対応を取らなかったことも違法であるとされたものがあります（A市事件・横浜地判平16・7・8労判880号123頁）。

　セクハラが刑法上の強姦罪や強制わいせつ罪にあたる場合には、刑事告訴も可能です。

3　予防のために

　セクハラは、被害者の人格を傷つけるとともに、職場環境の悪化もまねきます。したがって、セクハラを職場全体の問題として捉え、セクハラについての知識と理解を深めて、職場全体の意識を変えていく取組みをするなどして、予防するための取組みが求められます。また、自治体に対しては、上記の措置義務に基づき、ガイドラインの策定や相談・支援体制の充実といった、セクハラ防止のための積極的な措置を求めていくことが大切です。

(パワハラ)
52 課長から毎日のように叱責され、うつ状態となってしまいました。どうしたらよいでしょうか。

1 パワハラとは何か

職場におけるいじめ・嫌がらせなどを、一般に、パワー・ハラスメント（パワハラ）と呼んでいます。

厚生労働省「職場のいじめ・嫌がらせ問題に関する円卓会議ワーキング・グループ」報告（2012年1月）は、「同じ職場で働く者に対して、職務上の地位や人間関係などの職場内の優位性を背景に、業務の適正な範囲を超えて、精神的・身体的苦痛を与えるまたは職場環境を悪化させる行為（※上司から部下に行われるものだけでなく、先輩・後輩間や同僚間などの様々な優位性を背景に行われるものも含まれる）」を「職場のパワーハラスメント」としています。

したがって、上司が部下を毎日のように叱責することが、業務の適正な範囲を超えていれば、パワハラにあたることになります。なお、職制上の「上司」にはあたらない場合であっても、職場内の優位性があれば、パワハラにあたることになります。

2 パワハラへの対処法

パワハラは、相手の尊厳や人格を傷つけ、時には心身の健康や命すら危険にさらす、許されない行為です。

パワハラが原因で心身の健康を害した場合には、公務災害にあたり、地公災法による補償を受けることができます（Q56参照）。

裁判例では、部下に対する指導のあり方にパワハラという大きな問題のあった上司の下で仕事をすることが、うつ病を発症させたり、増悪させることについての一つの要因になったとして公務災害を認めた事案があります（地公災基金愛知県支部長（A市役所職員・うつ病自殺）事件・名古屋高判平22・5・21労判1013号102頁）。なお、公務災害を申請するにあたっては、叱責の態様や具体的内容を証拠化していく必要があります。録音や、時・場所・態様に関する克明なメモを残すなどの方法が一般的です。

また、公務員が職務に付随してパワハラを行った場合には、自治体が国賠法上の損害賠償責任を負うことになります（**Q63**参照）。

　パワハラの違法性判断は民間と同じであり、多数の裁判例が集積されていますが、自治体の責任が認められた例として、上司や同僚からのいじめが原因で職員が自殺するに至った事案（川崎市水道局事件・横浜地裁川崎支判平14・6・27労判833号61頁、東京高判平15・3・25労判849号87頁）、総務課長が男女関係や離婚歴について職員を誹謗中傷した事案（福岡高判平25・7・30判時2201号69頁）などがあります。

3　予防のために

　職場のパワハラは、相手に多大な苦痛を与えるだけでなく、職場環境を悪化させます。パワハラのある職場が住民福祉の仕事を実現できるとは思えません。したがって、首長や管理職はもちろん、労働組合にも、パワハラをなくすための積極的な取組みが求められます。

　厚労省「職場のいじめ・嫌がらせ問題に関する円卓会議」は、提言（2012年3月）で、「組織のトップ」が「職場のパワーハラスメントは組織の活力を削ぐものであることを意識し、こうした問題が生じない組織文化を育てていくこと」を求め、「自らが範を示しながら、その姿勢を明確に示すなどの取組を行うべきである」とし、「国や労使の団体」が「当会議の提言及びワーキング・グループ報告を周知し、広く対策が行われるよう支援することを期待する」としています。

　とりわけ、パワハラは、上下関係を伴う密接な人間関係の中でおこることが多いため、当事者がパワハラの自覚をもたない場合もあります。そこで、職場全体でパワハラに対する知識を身につけ、理解を深めておくなどの普段からの取組みが大切です。

　また、自治体に対しては、パワハラが決して許されない行為であることを明確にすることとともに、相談窓口などの整備、被害者に対する適正な配慮と加害者に対する厳正な対処等を定めた指針をつくらせ、指針が適正に運用されるよう求めていくことが大切です。

(第三者に対する賠償責任)

Q&A 53 保育所内の事故で子どもがけがをしました。保育士個人も損害賠償責任を負うのでしょうか。

1 国賠法と民法の関係

地方公務員が職務を行うにつき故意または過失によって第三者に損害を与えた場合、自治体が損害賠償責任を負いますが、公務員個人の損害賠償責任は、その公務員の行為が「公権力の行使」(国賠法1条1項)といえるかどうかによって異なってきます。

ここで、「公権力の行使」とは、公務員の職務上行う行為のうち、命令または強制を加える権力行為のみならず、私人と全く同様の立場に立って行う私経済的行為を除いた一切の行為があたるとされています。

そして、「公権力の行使」といえる場合、被害者との関係では自治体が責任を負いますが、公務員個人は責任を負わないとされています(最判昭53・10・20民集32巻7号1367頁)。もっとも、公務員に故意(または重過失)がある場合には、公務員が個人責任を負うとの見解もあります。日本共産党幹部宅盗聴事件・東京地判平6・9・6判時1504号40頁など)。他方、「公権力の行使」といえない場合には、自治体が使用者責任を負う(民法715条)とともに、公務員個人も損害賠償責任を負う(同法709条)ことになります。

2 「公権力の行使」にあたる場合、あたらない場合

公立学校における教育活動は「公権力の行使」にあたるとして国賠法が適用されますが(最判昭62・2・6判時1232号100頁)、国公立病院の医療行為には国賠法ではなく民法が適用されるとされています(東京高判平16・9・30判時1880号72頁)。

保育所における保育は、学校教育のような権力性はありませんが、他方で、保育については市町村に実施義務があることから(児童福祉法24条1項)、「公権力の行使」にあたるかはやや微妙です。

この点、私立保育所について、保育所が特別の権限や義務を与えられていないとして国賠法の適用が否定された事例(浦和地熊谷支判平2・10・29判例集未登載)、公立保育所について国賠法の適用が認められた事例(さい

たま地判平21・12・16判時2081号60頁。ただし、国賠法の適用自体は争点となっていません）があります。

3 公務員個人に対する求償請求

「公権力の行使」にあたるとして国賠法1条1項が適用される場合、公務員個人が被害者に対し直接損害賠償責任を負うことはありません。しかし、この場合でも、公務員に故意または重過失が認められるときは、損害賠償を行った自治体から公務員個人に対する求償請求がなされます（国賠法1条2項）。

ただ、この場合には、さまざまな事情を考慮することで、求償請求が認められる範囲が限定されることがあります。

たとえば、県の税務課長への求償につき、職員への指導、教育が十分でなく、対応方針が徹底していなかったとして、過失相殺の法理の類推により求償額を2割減額した例（騎西町事件・浦和地判平8・6・24判時1600号122頁）、県知事への求償につき諸般の事情を考慮して信義則上10分の1相当額に制限した例（佐賀県事件・福岡高判平24・2・16判例秘書）があります。なお、佐賀県事件の上告審である最判平26・1・16判例秘書は、多数意見は原審を是認しましたが、公務員に過大で過酷な負担を負わせる結果を招来することから、①その注意を甚だしく欠いていたか、②わずかな注意をすれば有害な結果の発生を容易に予見することが可能であったか、の二つの観点から過失の重大性を判断すべきとした反対意見が付されており、参考になります。

なお、公務員個人への求償については、国家公務員制度改革基本法9条3項が「適正かつ厳格な行使の徹底を図るための措置を講ずること」を政府に求めています。また、住民訴訟によって、自治体に対し、公務員個人への求償権行使が命じられることもあります。そのため、最近では、職務に関して損害賠償請求や求償請求を受けることになった場合への備えとして、公務員賠償責任保険などに加入する例が増えています。保険に加入することで、支払いを命じられた損害賠償金だけでなく、訴訟対応のための弁護士費用などの争訟費用などについても、保険から支払われることになります（なお、職務遂行が適正と認められるときは弁護士費用は公費負担が適当との見解も示されています。平13・3・21内閣衆質151第32号）。

(自治体に対する賠償責任)

54 職務上保管していた市の財産を紛失してしまいました。市に賠償する必要はありますか。

1　自治法に基づく賠償責任

　職員が職務上保管していた市の財産を紛失した場合の損害賠償責任は、自治法に定められています。

　現金を紛失した場合、職員に故意または過失があれば損害賠償責任が発生しますが、現金以外の物品を紛失や損傷したり違法な支出負担行為等をした場合には、損害賠償責任の発生には故意または重過失が要件とされています（自治法243条の2第1項）。この場合には賠償責任に関する民法の規定は適用されません（同条13項）。

　このように、自治法が、民法と比べて、職員に損害賠償責任が成立する範囲を限定しているのは、煩雑な事務における軽微な過誤についてまで賠償責任を追及されることになれば、職員が萎縮して、積極的な職務遂行を妨げるおそれがあることからとされています。

2　賠償責任の減免

　自治体の長は、職員が職務上保管していた市の財産を紛失するなどして自治体に損害を与えたと認めるときは、監査委員に対し、その事実があるかどうかを監査し、賠償責任の有無および賠償額を決定することを求めます。そして、監査委員の決定に基づき、期限を定めて職員に賠償を命じなくてはなりません（自治法243条の2第3項）。

　監査委員が職員に賠償責任があると決定した場合でも、損害が避けることのできない事故その他やむを得ない事情によるものであることを職員が証明し、自治体の長がその証明を相当と認めるときは、監査委員の意見を付けて議会に付議し、議会の同意を得て、賠償責任の全部または一部を免除することができます（同条8項）。

3　審査請求

　自治体の長による損害賠償の命令に対して、不服がある職員は行審法に基づく審査請求を行うことができます（後述の住民訴訟による場合を除きま

す)。審査請求を受けた自治体の長は、議会に諮問してこれを決定しなければなりません(自治法243条の2第11項)。当該職員は、この決定に対して不服があれば、裁判所に取消訴訟を提起することができます。なお、審査請求前置の規定はありませんから、ただちに取消訴訟を提起することもできます。

4 住民訴訟による賠償命令

　住民が、住民訴訟によって、自治体に対し、賠償責任を負うべき職員に賠償命令を行うことを求めてくることがあります。これを命じる判決が確定した場合、自治体の長は、判決確定から60日以内に、賠償を命じなくてはなりません(自治法242条の2第1項4号ただし書、243条の2第4項)。

　判決に従って行うこの賠償命令については審査請求をすることはできません(同条10項)。これに不服がある職員は賠償命令に対する取消訴訟を提起することになりますが、住民訴訟で争点となった論点については主張が制限されることがあります。

　裁判例として、市が補助金を受けて施工した工事につき、工事出来高の過大認定と補助金の過大受給が判明し、市が過大受給した補助金に加算金を付して返還したところ、市に加算金支払による損害を与えたとして、住民訴訟が提起され、加算金支払いの原因を生じさせた職員に対して賠償命令を行うことを市に命じたものがあります(横浜市事件・横浜地判平26・3・26判例秘書)。

　なお、このような住民訴訟が提起された場合、訴訟の当事者(被告)となるのは自治体ですが、損害賠償責任を負う可能性のある職員も必ず訴訟告知を受け(同法242条の2第7項)、判決の結論のみならず理由にも拘束されることがあります。そこで、これを争うため、住民訴訟に補助参加することができます(行訴法22条1項)。

(刑事責任と失職)

55 公務中に交通事故をおこしてしまいました。自治体職員の身分や退職手当はどうなりますか。

1 失職について

交通事故であっても、刑罰を科されるような重大な事故であれば、職員の身分や退職手当の支給に影響が生じます。影響の程度は、科される刑罰の軽重によって変わります。

科される刑罰が罰金刑であれば失職することはなく、退職金の支給にもただちに影響は生じません（もっとも、交通事故の内容によっては懲戒処分を受けることはあります）。しかし、科される刑罰が懲役刑や禁錮刑の場合、たとえ執行猶予が付いても、刑が確定した場合には、自動的に失職することになります（地公法28条4項、同法16条2号）。

失職することになれば、公務員の身分を失うだけではありません。各自治体の退職手当条例では、懲戒免職の場合と同様（Q17参照）、失職の場合にも退職手当の全部または一部を支給しないことができると定められていることが多いため、退職手当の支給も受けられなくなるおそれがあります。また、共済年金についても減額されることがあります（地公共済法111条1項）。

以上のように、懲役刑や禁錮刑が公務員に科される場合、公務員は非常に大きな不利益を受けることになりますが、一旦起訴されてしまえば、大半の場合、禁錮以上の刑が科されてしまいます。そこで、検察官が起訴するとの判断を行うまでの間に、被害者と示談し、寛大な処罰を望む内容の嘆願書を作成してもらうなどの取組みが重要となります。このような場合には、早急に労働組合や弁護士に相談するべきでしょう。

2 失職の例外

地公法28条4項は「条例に特別の定がある場合を除く」として、禁錮以上の刑が確定した場合であっても、ただちに失職しない旨の規定を条例（特例条例）で設けることを許容しています。

本来、欠格事由が公務員に認められる場合、自動的に失職するとされて

いるのは、公務の信用を損ない、行政に対する信頼を失わせることにつながるからです。このような趣旨からすれば、犯罪の種類や公務員の従事する職務の内容を捨象して、一律に失職を定めている地公法の規定は、厳格に過ぎるとみるべきです。たとえば、職務上自動車を運転する過程で交通事故をおこして自動車運転過失致死傷罪に問われることは、しばしばあり得るからです。

　そこで、特例条例を定めて、個別事案の事情に応じて、柔軟かつ適正な対応を可能にするべきです。

　自治体の中には、地公法28条4項に基づき、特例条例を定めている例も珍しくありません。特例条例には、たとえば、「任命権者は、職員が職務の遂行に関し、法第16条2号に該当するに至った場合において、その罪が過失によるものであり、かつ、刑の執行を猶予された者については、情状により特にその職を失わないものとすることができる」などと規定されています。

　公務の信用や行政に対する信頼の維持と、職員の身分保障との間で適正なバランスを確保していくために、失職を回避することができる特例条例を定めることが望ましいといえます。あなたの自治体に特例条例が定められていないのであれば、その制定を求めていくべきでしょう。

3　起訴休職

　刑事事件で職員が起訴された場合には、休職処分にすることができるとされています（地公法28条2項2号）。

　この起訴休職は、犯罪の成否や身体拘束の有無を問わないことから、起訴された職員が犯罪事実を争っていたり、身体拘束を受けていない場合でも、休職を命じられることがあります。

　しかし、起訴されたとしても有罪の判決を受けるまでは無罪の推定がはたらきますので、事案によっては、当局に休職処分を行わせないよう求めることが必要です。

◎コラム
自治体へのクレーマー

　公務員バッシングが流行する中、住民が自治体職員につらく当たる事例も増えてきました。もちろん、杓子定規で融通が利かない、仕事も遅いなどの「お役所仕事」も根強く残っており、住民として文句を言いたくなる場面があることは否定できません。しかし、加古川市の生活保護担当者を刃物で刺す、宝塚市役所に火炎瓶を投げ込む（いずれも 2013（平成 25）年）などは論外としても、学校、保育所などで、子どもが注意されたことに逆上して教師や保育士を責め立てる、ちょっとした言葉遣いに難癖をつけるというのはどうでしょうか。小さな規定の不備をとらえて住民訴訟を提起したりするのは、どうでしょうか。

　こうしたクレーマー増加の背景の一つに、住民の「消費者意識」があります。できるだけ安い代金（税金、責任分担）で高い商品（サービス）をゲットするのが利口な消費者。そうであれば、「お客様は神様」なんだから、無理難題でも「言った者勝ち」、「どうせ反撃してこないし」となるのは、ある意味、自然の流れでしょう。民間委託、指定管理などの自治体業務の市場化もこれを後押ししているように思われます。かくて、モラルハザードが広がり、自治体職員の間にメンタルヘルス疾患が広がり、また、自衛のために損害賠償責任保険に入らざるを得なくなってきています。

　ここには、住民が主権者として、地方自治に対して責任を負っていることが忘れられています。住民は地方自治の消費者ではありません。行政機構は、私たちの社会が存続していくための共有財産であり、住民は、自治体職員が良好な環境で働けるよう保障する責任も負っているのです。

第9部

公務災害

（公務災害の補償制度）

56 公務が原因でけがや病気をした場合の補償の仕組みを教えてください。

1 公務災害とは

　職員が公務により死亡、負傷、疾病、障害の状態となった場合、その損害は補償されなければならない（地公法45条1項）とされています。そして、公務災害が発生した場合、地方公共団体に代わって補償を行うための機関として、地方公務員災害補償基金（基金）が設けられています（地公災法1条）。そこでは、公務災害に限らず、通勤による災害についても補償されます。

　なお、民間労働者の場合は労働者災害補償制度が、国家公務員の場合は国家公務員災害補償制度が適用されます（以下では、地公災法による公務災害について説明します）。

　公務災害の対象となる職員は、自治体に働く常勤職員（および常勤職員に準ずる者）です。非現業、公企・現業のほか、特別職である首長も対象となっています（適用関係は、Q58を参照）。

2 補償の内容

　公務災害が認定された場合、次のような補償（地公災法25条）がなされるほか、一定の福祉事業の給付がされます（同法47条）。

・補償——療養補償、休業補償、傷病補償年金、障害補償、介護補償、遺族補償、葬祭補償
・福祉事業——外科後処置に関する事業、休業援護金の支給、遺族特別給付金の支給など

　この補償は、使用者である自治体の過失があることを要件としていませんので、そこに慰謝料は含まれていません。

　また、休業補償、遺族補償などについては損害の一定割合となっています。たとえば、休業補償は平均給与額の60％とされ、さらに休業援護金として平均給与額の20％が支給されます。平均給与額の算定は、時間外労働が実際の給与には反映されていなかった場合でも、基金が合理的に相当な

時間外労働を算定し、これに基づく未払い手当を考慮するべきとされています（地公災基金奈良県支部長（県立三室病院）事件・大阪高判平23・2・18労判1085号9頁。最高裁不受理により確定）。ただ、ほとんどの自治体では、条例で給与を全額支払うと定めていますので、その限りで休業補償の規定の適用はありません（なお、民事賠償との関係は、Q63参照）。

3　申請手続

公務災害が発生した場合、被災者（ないしその遺族）は、その職員の任命権者（所属長）を経由して、基金支部に公務災害の認定請求書を提出します。基金支部は、各都道府県および政令指定都市ごとに設置されています。

認定請求書には、診断書、現認書などの資料を添付します。また、任命権者の意見（公務外、公務上など）を付することになっています。

任命権者には、その手続が円滑に行うことができるよう助力する義務がありますので、申請者としては、災害状況の確認、提出資料の整理を含めて、協力を求めていくことが大切です。

補償を受ける権利の時効は、2年（障害補償および遺族補償については5年）とされています（地公災法63条）。起算日は、療養補償は療養費用の支払義務が確定した日、遺族補償年金は職員が死亡した日などとなっています。とりあえずは、災害が発生した日の翌日から2年（ないし5年）以内に申請をすることと、覚えておいてください。

4　公務上認定基準

基金は、公務上認定の要件を、公務遂行性（任命権者の支配管理下で公務に従事中の災害であること）と公務起因性（公務と災害との間に相当因果関係があること）としています。その考えに沿って、「公務上の災害の認定基準について（平15・9・24地基補153号）」を定めています。

しかし、その制度の趣旨からみて、基金の認定基準は狭きに失するものです（なお、裁判所の判断基準については Q57参照）。認定基準、補償内容の詳細は、基金が出している地方公務員災害補償基金関係通達集（http://www.chikousai.jp/hourei/tsutatsu.pdf）を参考にしてください。

(公務外認定を争う方法)

Q57 地公災基金に公務災害申請をしたのですが、公務外とされてしまいました。これを争うにはどうしたらいいですか。

1 審査請求

基金支部が公務外(公務災害ではない)と認定したとき、あるいは、公務災害であることは認められたが補償額等に不服があるときは、地公災法上の審査請求をすることができます(地公災法51条)。

この場合、まず、支部審査会に審査請求(基金支部の決定があったことを知った日の翌日から3カ月以内)をします。

支部審査会の裁決に不服がある場合には、審査会に再審査請求(支部審査会の裁決があったことを知った日の翌日から3カ月以内)をすることができます。

いずれの手続も、請求期間の制限がありますので、気をつけてください。

なお、支部審査会への審査請求が前置とされているので、その裁決を経ないで裁判所に取消訴訟を提起することはできません(同法56条)。

2 取消訴訟

基金で公務外とされたり、内容に不服がある場合は、次の二つの場合に、裁判所に行政訴訟(公務外認定等処分の取消訴訟)を提起することができます。

①審査会に再審査請求をしたが、その裁決に不服がある場合、裁決があったことを知った日の翌日から6カ月以内に、裁判所に取消訴訟を提起することができます。

②支部審査会に審査請求をしたが、審査請求の日の翌日から3カ月以内に裁決がない場合、その時点で、審査請求を棄却したものとみなして(地公災法51条3項)、裁判所に取消訴訟を提起することもできます。

取消訴訟の対象となる処分は基金支部の公務外認定等処分であり(原処分主義)、管轄は基金支部の所在地の地方裁判所となります。

3 裁判所の判断基準

裁判所が、病気の発症等が業務に起因するかを判断するにあたっては、

公務と発症との間に「相当因果関係」があるといえるか(社会通念上、「公務に内在する危険の現実化」として災害が発生し、あるいは増悪したといえるか)によって判断されます(地公災基金東京都支部長(町田高校)事件・最判平8・1・23労判687号16頁等)。

また、裁判所が相当因果関係の有無を判断する場合には、基金の認定基準は参考にはするものの、それにとらわれることはありません。たとえば、ある裁判例は、県立高校教諭の精神疾患発症・自殺について、「自殺認定基準(「精神疾患に起因する自殺の公務災害の認定について」(平成11年9月14日付基補173号))は、行政の統一性を確保するために発せられた行政機関内部における法令解釈の基準であるから、裁判所の法令解釈を直ちに拘束するものではない」と述べて、公務と精神障害の発症・増悪との間に相当因果関係があるとしています(地公災基金広島県支部長(県立高校教諭)事件・広島高判平25・9・27労判1088号60頁)。これは精神疾患に限られず、あらゆる公務災害に共通する判断方法です。

したがって、基金で公務災害と認定されなかった場合でも、裁判で公務起因性が認められる場合があります。

なお、使用者の過失を問題としていない公務災害制度においては、裁判所の判断基準も狭きに失するもので、単に「公務関連性」があればよいとの見解もあります。

4 認定の遅延

公務災害認定請求は、とりわけ非災害型(頸肩腕など)の場合には多大な時間を要することも少なくありません。しかしながら、認定請求書を提出してから約6年11カ月にわたり公務上外の認定を行わなかったのが遅すぎるとして慰謝料を請求した事案で、裁判所は「社会通念上も甘受すべき範囲内」としてこれを認めませんでした(地公災基金大阪府支部長(吹田市介護職員)事件・大阪地判平25・7・29労判1082号36頁)。

（臨時・非常勤職員の補償制度）

58 臨時職員として自治体職場で働いていますが、仕事中にけがをした場合の補償はしてもらえるのでしょうか。

1 災害補償の適用関係

　自治体職場で働いている人の災害補償に関しては、地公災法に基づく補償が基本となっていますが、その適用が除外となっている労働者もいます。その場合も、地公災法に基づく条例、労災保険法、その他の法令により、補償がなされることになっています。

　自治体職場で働く労働者等についての、地公災法の適用を含め、その適用関係、それに基づく災害補償の実施機関は、「災害補償適用一覧表」（次頁）の通りです。大きくは、勤務形態が常勤的か否かと、勤務する事業所によって区分されていることがわかります（一般職か特別職かによる区別はありません）。なお、非常勤の船員、特別職の消防団員、学校医等については、別途、法律（消防団員等の公務災害補償等責任共済等に関する法律など）で災害補償の規定が定められています。

　地公災法などの法律で補償制度が定められていない者については、自治体は条例で補償制度を定めなければなりませんので（地公災法69条）、自治体で働く労働者は、何らかの形で災害補償を受けることができます。

2 勤務形態が常勤的か否か

　自治体で働く労働者が、「常勤的非常勤職員」に該当する場合は、地公災法の適用となります。「常勤的非常勤職員」の定義は、「常勤職員について定められている勤務時間以上勤務した日が18日以上ある月が引き続いて12月を超えるに至った者で、引き続き当該勤務時間により勤務することを要するとされている者」（地公災法施行令１条２号）です。雇用関係が事実上継続していると認められる場合も含まれるとされています。

　しかし、実際には、「継続していない」として、適用しようとしない例がほとんどです。

3 事業所による区別

　地公災法が適用されない労働者については、その労働者が働いている事

業所が、官公署の事業以外の事業（水道、交通、清掃など労基法別表第一に掲げる事業）の場合は労災保険法が適用となり、官公署の事業の場合は補償条例が適用となります。

4　補償条例について

補償条例については、準則（議会の議員その他非常勤の職員の公務災害補償等に関する条例（案）（昭42・9・1自治給56号別紙各都道府県知事宛て事務次官））に沿って定められている例がほとんどです。

この条例は、地公災法および労災保険法で定める補償の制度と「均衡を失したものであってはならない」（地公災法69条3項）とされていますが、実際には、「均衡を失する」規定となっている場合がありますので、皆さんの自治体の条例を確認してみてください。

災害補償適用一覧表

		適用職員	具体例	適用法令	実施機関
常勤		一般職・特別職いずれも	非現業、公企、現業、市長	地公法45条、地公災法2条	地方公務員災害補償基金
非常勤		常勤職員に準ずる者で政令に定める者	再任用短時間勤務職員	地公災法2条、同施行令1条1項1号	地方公務員災害補償基金
		同上	常勤的非常勤職員	地公災法2条、同施行令1条1項2号	地方公務員災害補償基金
		臨時・非常勤職員で、官公署の事業以外に従事する者	水道、交通、清掃などで働く臨時・非常勤職員	労災保険法3条	国（厚生労働省）
		臨時・非常勤職員で、他の法律による補償の制度が定められていない者	本庁で働く臨時・非常勤職員、議員、民生委員	地公災法69条、補償条例	地方自治体

（長時間労働と公務災害）
59 長時間労働による脳心臓疾患やメンタル疾患は、どのような場合に公務上（業務上）認定が得られますか。

1 過労死・過労自殺・精神疾患の認定基準

公務が原因で脳や心臓の疾患を発症した場合には、公務災害の認定を受けることができます。

基金は、「心・血管疾患及び脳血管疾患等の職務関連疾患の公務上災害の認定について」（平13・12・12理事長通知・地基補239号、同240号）で、認定基準を決めています。この認定基準では、公務災害認定のためには、発症前に公務による過重負荷を受けたという要件を満たす必要があるとされ、時間外勤務について、週あたりの時間数を明示しています。そして、「強度の精神的肉体的過重性が認められる場合には、総合的に評価する」として公務の質も評価するとしています。

また、長時間労働による過労が原因となるうつなどの精神疾患や自殺についても、認定基準を決めています（平24・3・16地基補61〜63号）。精神疾患等の業務負荷の評価にあたっては、「業務負荷の分析表」を参考に評価するとしています。また、時間外勤務の過重性は、その必要性、勤務密度、内容、時間等を総合判断するとしています。

その基準は、「特に過重な職務に従事したことにより、心・血管疾患及び脳血管疾患の発症の基礎となる血管病変等の病態を自然的経過を早めて著しく増悪させ」ることを必要とするなど、厳しい要件となっています。また、時間的過重性の要件を満たしていない場合に、その質的過重性を考慮せずに公務外とするなど、問題点のあるものです。しかし、基金の段階で認定を勝ち取るためには、その認定基準に熟知することが必要です（なお、裁判所の判断基準については Q57参照）。

2 基礎疾患があった場合

高血圧症など元々の疾病（基礎疾患）を有する労働者が、長時間労働の結果、くも膜下出血等の脳・心臓疾患を発症した場合、発症した疾病が公務に起因するといえるかが問題となります。この点、基礎疾患があったと

しても、長時間労働などの業務による負荷が、基礎疾患を自然の経過を超えて増悪させ、発症に至ったと認められれば、公務（業務）に起因する疾病であるとされています（横浜南労基署長（東京海上横浜支店）事件・最判平12・7・17労判785号6頁、地公災基金鹿児島県支部長（内之浦町教委）事件・最判平18・3・3労判919号5頁）。

3　資料の入手と確保を

　基金に公務災害申請をするに際しては、過労死、過労自殺どちらの場合でも、被災者の労働時間を把握することが必要です。労働時間は、タイムレコーダのほかに、職場への出退勤の際の出入簿、セキュリティ・カードの記録、パソコンの電源の立ち上げと切断、メールの送信記録、あるいは同僚の証言などの客観的資料で把握します。被災労働者の作成したメモだけでは正確性に欠けるとされる場合がありますので、できるだけ客観的な資料で把握するよう努めるべきです。

　また、精神的、肉体的に負荷を与えた特別の事情についても、職場の同僚や上司からの聞き取りをします。職場での異動や同僚の休業などで欠員がでたとか、期限の決まった特別の仕事が与えられたなどがこれにあたる場合があります。家族の側では、被災者の家庭での心身の様子を思い出して記録する、受診があればカルテを入手するなどの資料の収集も必要です。

　これらの事情について、客観的な資料も含めて保存することが重要です。時間が経てば、関係者の記憶は薄れ、資料は散逸してしまうからです（なお、2015（平成27）年12月に施行された改正労安法66条の10は、使用者に心理的な負担の程度を把握するための検査（ストレスチェック）を義務付けましたが、これも客観的資料となるでしょう）。

　また、公務と病気との因果関係を明らかにするためには、主治医意見を提出する、医師による鑑定意見を求めるなどが必要となってきます。

　これらの取組みにあたっては、被災者の家族と職場の労働組合が協力して行うことが望ましいといえます。また、資料の入手、提出資料の作成について、申請当初から専門的知識をもつ弁護士との相談の上で万全を期すことをお勧めします。

(頸肩腕・腰痛と公務災害)

Q60 保育所や学校給食の職場で頸肩腕障害や腰痛症の疾病で通院している同僚が多くいます。公務災害が認められますか。

1 保育士の頸肩腕障害

　保育士や給食調理員の頸肩腕障害（頸肩腕症候群等）が、公務災害かどうかは、基金において、「上肢業務に基づく疾病の取扱いについて」（平9・4・1地基補103号、同104号外）の認定基準により判断されます。

　この認定基準では、業務量の評価のほかに、①長時間、連続作業、②他律的かつ過度な作業ペース、③過大な重量負荷、力の発揮、④過度の緊張、⑤不適切な作業環境という質的な要因も含めて、業務の過重性を総合的に判断すべきとされています。

　保育士の頸肩腕障害について、最高裁は、「保母の保育業務は……上肢、頸肩腕部等にかなりの負担のかかる状態で行う作業に当たることは明らかである」などと、経験則として保育労働が頸肩腕障害を引きおこしやすい業務であるとして、公務災害であることを認めました（横浜市保育園保母事件・最判平9・11・28労判727号14頁）。

　これは、「加重性を判断するには特別の事情が必要である」という基金の従前の考え方を排斥した画期的な判断でした。それ以降、この最高裁の判断枠組みの下で、下級審でも、保育士の頸肩腕障害の罹患について、公務上であることを認める判決がいくつも出されています。

2 給食調理員などの頸肩腕障害

　保育士に関する業務と頸肩腕障害の因果関係についての考え方は、給食調理員の業務と頸肩腕障害等との因果関係の判断にもあてはまります。たとえば、給食調理員の頸肩腕障害について、「給食調理作業は、上肢の挙上保持と反復作業が多く、上肢等の特定の部位に負担のかかる作業を主とする、頸肩腕症候群を発症させる危険のあるものである」として公務上と認めた事例があります（宇治市事件・京都地判平12・3・31判例自治208号55頁）。

　同様に上肢に負担のかかる看護、介護、介助等の業務についても、基金

の認定基準にとらわれることなく、同じ判断の枠組み、認定基準で認定・判断がなされるべきです。

また、ヘルパーの頸肩腕障害・腰痛症の事案で、基金の認定基準に沿いながらも、「同種同様の業務に従事していた多くの職員が被災者と同様の疾病を発症していることが窺われ」るなどとして、公務上と認めた事例もあります（地公災基金大阪府支部長（吹田市介護職員）事件・大阪地判平25・7・29労判1082号36頁）。

3　腰痛症

基金は、腰痛症の認定基準を、「災害性の原因による腰痛」と「災害性の原因によらない腰痛（非災害性の腰痛）」に分けています（昭52・2・14地基補67号、68号）。そして、保育業務や給食業務の疲労性の腰痛症は非災害性の腰痛症として公務上外が判断されます。他方、腰部の負傷などは、災害性の認定基準によることになります。

しかし、業務による疲労の上に突発的な出来事が重なり、両方が複合的原因となって腰痛症が起きる場合があります。ところが、腰痛症の発症契機を峻別する認定基準を機械的に適用すれば公務外と判断されてしまいます。この点につき、保育園の「餅つき大会」で「ぎっくり腰」となった保育士の腰痛症について、「餅つき大会における身体のひねり」という直接の動作に、「腰部捻挫に至るまでの一連の業務遂行」、「保育業務の特質」、保育士の「就業状況」とを合わせて、公務上と認めたものがあります（地公災基金大阪府支部長（吹田市保育園）事件・大阪高判平17・8・19労旬1613号56頁）。

このように、裁判では、基金の認定基準にとらわれることなく、公務と腰椎捻挫発症との相当因果関係が認められています。

4　申請上の留意点

公務災害の認定請求をするにあたっては、当該請求人（保育士または給食調理員等）の業務の加重性について、1日単位、1週間単位、1カ月単位等で整理し、考えられる要因について、資料をもとに提出することが必要です。とりわけ、直前数カ月（年単位のこともありますが）に特別に生じたこと（たとえば、同僚が休んだ、難しい案件があった、など）について、資料をつけてわかりやすく主張することが重要です。

(アスベストと公務災害)

61 石綿（アスベスト）を吸って病気に罹患した場合、公務災害と認定されるには、どうしたらいいでしょうか。

1 石綿関連疾患とは

石綿関連疾患とは、石綿（アスベスト）を吸入することによって生じる疾患で、石綿肺、肺がん、中皮腫、びまん性胸膜肥厚などがあります。石綿ばく露から長期を経て発症するので、「静かな時限爆弾」といわれています。いずれの病気も、重症化し、命にかかわる病気です。

なお、石綿の吸入によって胸膜に部分的に線維が増加して厚くなった状態（病変）を胸膜プラークといい、石綿ばく露の指標の一つとされています。

石綿の使用は、現在では全面禁止されていますが、過去に使用された建造物、設備は、多数残存しています。それらの建物等の解体や修繕等の工事で石綿建材等が飛散し、新たな被害を生み出す危険性があります。

2 石綿ばく露作業

石綿製品は、石綿吹きつけ材、石綿含有屋根材、石綿保温材、石綿セメント管など、身の回りの多種にわたります。

石綿に関連する作業について、厚労省は、「石綿にばく露する業務に従事していた労働者の方へ」というサイトで、「配管・断熱・ボイラー・築炉関連作業」、「建築現場の作業」、「解体作業」など34項目を例示しています。通常、石綿関連作業とは想像できないような業務も含まれていますので注意が必要です（しかも、「ここに掲載している作業例がすべてということではありません」としています）。

3 公務労働と石綿ばく露

この厚労省の例示作業のうち、公務職場での石綿ばく露が想定されるものも少なくありません。

①給排水管検査。水道用セメント管に青石綿が混入されていたことによる取付け現場での切断時・撤去時に石綿粉じんの飛散が指摘されています。

②消防にかかわる作業。耐火被覆の有無や避難路確保の確認などの消防検

査で「石綿吹きつけの劣化や損傷等により飛散した粉じんにばく露する可能性」、「防火衣、防火帽、高圧のホース、ビル内の消火栓箱などに石綿の使用があり、劣化、損傷による石綿ばく露の可能性」が指摘されています。
③吹きつけ石綿のある部屋・建物・倉庫での作業。大病院の厨房や学校の実験室などがあげられています。
④清掃工場または廃棄物の収集・運搬・中間処理・処分の作業。清掃工場には、建物への石綿吹きつけや含有建材、設備機械本体に石綿が多用されているとされています。
⑤調理作業。学校、大病院などの厨房機器類に石綿フエルト、石綿スポンジが貼ってあるものがあるとされています。

4　公務災害認定基準

　基金は、石綿関連疾患の認定基準について、「労災保険制度における「石綿による疾病の認定基準について」（平24・3・29基発0329第2号）に準ずる」としています（平21・6・1地基補161号）。この労災保険認定基準は、石綿による疾病と石綿ばく露作業、認定要件を定めていますので、請求にあたっては、民間の事例も参考にしてください。

　なお、遺族補償の時効期間が満了している事案についても、労災保険と同様、特別遺族給付金として、時効の利益を放棄するとしています（平20・12・1地基企79号）。

5　公務災害の認定の現状

　基金の資料によれば、石綿関連疾病にかかる公務災害の請求件数は148件、認定件数は36件です（2014（平成26）年8月31日現在）。また、基金は、厚労省が公表している個別の「石綿関連の事業場」について明らかにしていません。被害救済との関係でも、消極的な姿勢といえます。

　新聞などで報道された自治体関連の認定事例としては、し尿処理場に設置されていたボイラー取扱技術者（悪性中皮腫・死亡）、公共施設の新築工事における電気設備工事設計および工事監理業務従事者（悪性中皮腫・死亡）、消火活動と火災原因調査に従事した消防職員（悪性中皮腫・死亡）、清掃工場の破砕施設で設備運転や清掃を担当していた職員（びまん性胸膜肥厚・死亡）などがあります。

（特殊公務災害）

62 「特殊公務災害」という制度があると聞きましたが、どのような制度ですか。

1 特殊公務災害とは

特殊公務災害とは、職務内容の特殊な地方公務員（警察職員、消防職員、「災害応急対策従事職員」等）が、生命・身体に対する高度の危険が予測される状況の下で、所定の職務に従事して公務上の災害を受けた場合に、傷病補償年金、障害補償または遺族補償について、100分の50の範囲内で特別の加算措置を講じるものです（地公災法46条）。

2 一般の職員もその対象

警察官、警察官以外の警察職員、消防吏員（消防団員を含む）、麻薬取締員のほか、一般の職員であっても「災害応急対策従事職員」（政令2条の3）については特殊公務災害の対象となります。

すなわち、①災害が発生し、または発生するおそれがある場合に、②災害の発生を防禦し、または応急的救助を行う等災害の拡大を防止するために、③その生命または身体に対する高度の危険が予測される状況の下において、④災害応急対策の職務（警報の発令および伝達ならびに退避の勧告または指示、消防、水防その他の応急措置、被災者の救難、救助その他の保護）や天災等の発生時における人命の救助その他の被害の防禦の職務に従事して被災した場合には、一般の職員であっても、「災害応急対策従事職員」に該当するものとして、特殊公務災害の対象となります（地公災法46条、政令2条の3、災害対策基本法50条1項1～3号）。

なお、2011（平成23）年3月11日に発生した東日本大震災において、被災地では多数の一般の職員が住民の避難誘導等に携わる中で被災し命を落としました。こうした一般の職員について、基金は、災害応急対策の職務に従事した一般の職員についても特殊公務災害の適用を受けることを明らかにするとともに、特殊公務災害と認定できる具体的なケースを示しました（東日本大震災にかかる特殊公務災害の認定の取り扱いについて・事務連絡平26・5・1）。これによると、災害が発生した際に、各自治体が定める防

災計画に従って、避難所の開設、被災者の受け入れ準備、被害状況の把握、住民の避難経路の確保、避難誘導、災害広報活動等に従事して被災した一般の職員については特殊公務災害の適用を受けるとされています。

その結果、岩手県をはじめとする被災自治体の一般の職員についても、特殊公務災害が認定されています。

3 地公災法が適用されない臨時・非常勤は対象外

地公災法が適用されない臨時・非常勤については、特殊公務災害の適用が認められていません。これは、法の予定する本来の臨時・非常勤がそのような業務に従事することを想定していないため、「議会の議員その他非常勤の職員の公務災害補償等に関する条例（案）」（昭42・9・1自治給56号別紙各都道府県知事宛て事務次官）において、「特殊公務に従事する職員の特例」の規定を適用除外としており、各自治体の条例がそれにならって制定されているためです。

しかし、特殊公務災害の補償は、災害等が発生し生命や身体に対する高度な危険が予測される災害応急対策等の業務に従事した結果生命を奪われたり負傷したり病気になったりした職員について通常の公務災害の場合よりも厚く補償しようというものであり、災害応急対策等の業務に従事した職員である以上、正規職員であるか臨時・非常勤であるかによって差別される理由は全くありません。したがって、こうした条例の定めはあまりに不合理・不公平であり、「地公災法で定める補償の制度と均衡を失したものであってはならない」（地公災法69条3項）という要求にも反するものであって、早急に改正されなければなりません。

4 請求手続

特殊公務災害補償の請求は、任命権者を経由して請求書を基金に提出して行うこととされています（地公災法施行規則30条）。

特殊公務災害と認定されなかった場合には、審査請求を行うことができます（地公災法51条）。

（公務災害と損害賠償）
Q63 公務災害認定が得られたのですが、これとは別に、損害賠償を請求することはできますか。

1　損害賠償と災害補償の違い

　公務災害補償は、使用者（自治体）の過失の有無を問わず、損害を補償するものですが、損害の全部が補填されるものにはなっていません（Q56参照）。とくに、精神的損害（慰謝料）は全く含まれていません。死亡事案の場合の遺族補償も、逸失利益の全額が補填されるものではありません。

　他方、損害賠償は、使用者に過失がある場合に認められるものであり、精神的損害を含めて、すべての損害について賠償の対象となります。

　よって、公務災害に被災した原因・責任が使用者にあると考えられる場合、損害賠償請求を検討してください。請求する根拠としては、債務不履行と不法行為（国賠法）がありますが、いずれの場合も、使用者が安全配慮義務に違反したかどうかが問題となります。

2　安全配慮義務とは

　労働者は使用者の支配下に置かれて、その業務を遂行することを本質とするものですから、使用者は労働者が業務を遂行するに際し、労働者の健康、生命、安全に配慮する義務を必然的に負担することになります。労基法の労働時間に関する制限規定や、労安法の「職場における労働者の安全と健康を確保するようにしなければならない」（労安法3条1項）、「労働者の健康に配慮……するように努めなければならない」（同法65条の3）との規定は、このことを間接的に根拠付けています。

　安全配慮義務に関して、判例は、「国は、公務員に対し、国が公務遂行のために設置すべき場所、施設もしくは器具等の設置管理又は公務員が国もしくは上司の指示のもとに遂行する公務の管理にあたって、公務員の生命及び健康等を危険から保護するよう配慮すべき義務（安全配慮義務）を負っている」（陸上自衛隊八戸車両整備工場事件・最判昭50・2・25民集29巻2号143頁）としています。

　安全配慮義務の具体的な内容は、職種、地位およびそれが問題となる具

体的な状況により異なってきますが、次のような例があります。
① 長時間労働について
「使用者は…業務の遂行に伴う疲労や心理的負荷等が過度に蓄積して労働者の心身の健康を損なうことがないよう注意する義務を負う」(電通事件・最判平12・3・24判時1707号87頁) とされています。
② 職場のいじめについて
当該部署の上司は、いじめを制止し、加害者に謝罪させるなどして精神的負荷を和らげる適切な処理をとるべきであり、被害者の訴えを聞いた上司 (職員課) は、事実の有無を積極的に調査し、速やかに善後策を講じるべきであったのに、これを怠ったのはいずれも安全配慮義務違反とされています (川崎市水道局事件・東京高判平15・3・25労判849号87頁)。
③ 人員体制について
麻酔科の人員不足は勤務する医師共通の認識であったにもかかわらず、人員体制を見直す等の対策を何ら立てず、被災者の急性心不全による死亡を含む何らかの健康状態の悪化を予見できたのに、負担軽減をはかる等の具体的方策をとらなかったのは安全配慮義務違反とされています (大阪府立病院事件・大阪高判平20・3・27労判972号63頁)。

3 過失相殺・損益相殺について

使用者に賠償責任が認められるとしても、災害の発生、拡大について、被災者にも過失ないし原因がある場合は、過失相殺 (ないしその類推適用) による減額が問題となります。

前掲電通事件で、最高裁は、被災者の性格が労働者の個性の多様さとして通常想定される範囲を外れるものでない限り、その性格などを理由に減額することはできないとしました。しかし、本人の資質ないし心因的要因も加わって心因反応等を発症したとして減額された例もあります (前掲川崎市水道局事件判決)。また、疾病の原因が労働者の喫煙や不摂生などの生活習慣や基礎疾患にもある場合は、これらが発症に寄与した分が減額されます (NTT東日本北海道支店事件・最判平20・3・27労判958号5頁)。

なお、賠償額は、上記の過失相殺後の金額から、公務災害が認定されて支給された補償部分 (福祉事業分は除く) を差し引いた額になります (損益相殺)。

◎コラム

基金の段階で公務災害の認定を

　裁判所の認定基準と基金のそれとは異なります。基金段階で公務上と認められなくても、裁判所で事実を丁寧に立証すれば、認定を勝ち取ることができる事案があることはその通りです（Q57参照）。

　しかし、裁判には時間も手間もかかりますから、誰もが「裁判で決着を」とはなりません。基金の段階で認定を勝ち取ることができればそれに越したことはありません。

　そのために、まずは基金の認定基準を熟知し、その基準に沿って具体的な事案の整理をすることが大切です。基金は、その認定基準を公開し（Q56参照）、その実際の運用についても、年間4回発行している冊子『災害補償』で解説しています。

　また、事実の究明においては、情報公開制度の活用が有効です。民間と比べて、自治体の場合は、より多くの情報が内部に蓄積されており、その事案が内部からどのように見えているかがわかることがあります。

　公務災害は「病気・疾病」に関わることですので、その面での専門的な知識も不可欠となります。早い段階で医師に相談し、できれば「意見書」を書いていただくことが有効です。困難な事案について、基金は、その顧問医の意見を聞いて判断しますので、それにあらかじめ反論しておく意味もあります。また、医師に相談することによって、わからなかった視点を得ることもできます。

　このようなことは、被災者（ないし遺族）個人だけでは難しいので、早い段階で、労働組合に相談したり、弁護士に相談することが大切です。敷居が高くて、次の段階で（裁判の時に）検討しようと思わずに、早い段階で相談をすることをお勧めします。

第10部

団結権

(労働基本権)

64 地方公務員の労働基本権はどのように保障されていますか。

1 労働基本権は基本的人権

憲法はすべての国民に「健康で文化的」に生きる権利（生存権、憲法25条）を保障し、そのための大事な柱として、労働する権利（勤労権、憲法27条1項）を保障しています。

そして、人間らしく生きるに値する労働条件を確保するために、憲法は最低労働条件を国の法律で定める（憲法27条2項）とともに、これをより引き上げていくために、労働者自らが主人公になって、団結し、使用者と交渉し、争議をする権利を保障しています（憲法28条。なお憲法13条から導かれる国民の自己決定権にも基づく）。これらは、「侵すことのできない永久の権利」（憲法11条）として国民に保障された基本的人権です。

2 地方公務員の労働基本権

地方公務員も労働基本権が保障される「勤労者」ですが、法律で労働基本権が制約されています。

非現業については、職員団体制度による団結権そのものへの制約（Q65、66参照）のほか、団体交渉権についても、書面協定を締結することはできますが（地公法55条9項）、団体協約（労働協約）の締結権は否定されています（同条2項、Q72参照）。これに対し、公企・現業・特定地方独法職員の労働組合は労働協約を締結できますが、議会との関係が問題となります（地公労法8条、10条）。

また、最大の問題として、非現業も公企・現業・特定地方独法職員も、争議行為が禁止されています。非現業には、争議行為の「共謀、あおり、そそのかし、企画」について刑事罰まであります（地公法37条1項、61条4号）。公企・現業には、刑事罰はないものの、同様の行為を行った職員を解雇できるとされています（地公労法11条1項、12条）。

最高裁は、一時期、全逓東京中郵事件（最大判昭41・10・26刑集20巻8号901頁）や、東京都教組事件（最大判昭44・4・2刑集23巻5号305頁）にお

いて、争議行為禁止について限定的な解釈をとりました。ところが、その後、全農林警職法事件（最大判昭48・4・25刑集27巻4号547頁）、全逓名古屋中郵事件（最大判昭52・5・4刑集31巻3号182頁）等で、争議行為禁止を広く合憲とする立場に転換し、現在に至っています。

　これらの制限の根拠としては、①「全体の奉仕者」（憲法15条）という公務員の地位の特殊性・職務の公共性、②財政民主主義に基づく勤務条件法定（条例）主義、③市場の抑制力の欠如、④身分保障・給与制度・人事院制度等の代償措置があげられてきました。とりわけ、全逓名古屋中郵事件では②が強調されています。しかし、財政民主主義を憲法上の人権の上位概念とすることは誤りですし、公務の民間化の中で官民を区別する意義が薄れてきている今日、最高裁の態度は時代錯誤というべきです。

　公務員の争議行為禁止は、憲法28条の労働基本権の保障と相容れません（人事委勧告の凍結により代償措置が画餅に帰していることを違憲とした例として、大分県教組事件・大分地判平5・1・19判時1457号36頁）。

　なお、消防職員については、団結権を含むすべての労働基本権が制限されています（**Q67**参照）。

3　世界的に遅れている日本

　このような日本の制度は、国際的には特異なものです。たとえば、ドイツ、フランス、イタリア、スウェーデン、ノルウェーなどの各国では、法律で公務員のストライキ権が保障されています。

　ILOでも、労働組合の団結権に関する87号条約（結社の自由及び団結権の保護に関する条約、日本も批准）や98号条約（団結権及び団体交渉についての原則の適用に関する条約、日本も批准）、公務員の団結権に関する151号条約（公務における団結権の保護及び雇用条件の決定のための手続に関する条約、日本は未批准）が続いて採択されました。

　そして、ILOから日本政府に対し、2002（平成14）年から2014（平成26）年までに合計9回の勧告が出されています。これらは、日本の公務員制度がILO条約に違反しているとして、公務員に労働基本権を付与すること、消防職員に団結権を付与すること、および国家の運営に従事しない公務員の協約締結権を保障すること等を繰り返し勧告しているのです。日本の公務員法制が国際的にみて時代遅れであることは明白です。

(登録制度)

Q65 職員団体登録制度とはどのようなものですか。

1 職員団体登録制度とは

地方公務員にも団結権(憲法28条)が保障されていますが、非現業については、労働組合の組織や活動について規定する労組法は適用されず(地公法58条1項)、地公法において、一定の要件のもとに職員団体を結成することが認められています(同法52条3項)。

そして、地公法は、職員団体の登録制度を設け、登録機関である人事委または公平委が、一定の要件に適合していることを確認、公証し、登録を受けた職員団体に一定の利便を与えるものとしています(同法53条)。

しかし、登録の有無にかかわらず、職員団体には憲法上の団結権の保障が及びます。このような登録の有無で活動に制限を設ける登録制度は、憲法に保障された団結権を不当に侵害するものであり、ILO87号条約にも違反しています。ILO の勧告(ドライヤー報告)を受けて、その後の法改正および運用により、登録団体と非登録団体との間での差異は縮小されてきています。

2 登録を受けるための要件

職員団体が登録を受けるための要件は、次の三つです。

第1に、規約の必要的記載事項を充足していることです。規約には、名称、目的・業務等、法定の10項目の必要的記載事項が記載されていなければなりません(地公法53条2項)。

第2に、重要事項について、民主的手続によって決定されていることです。具体的には、規約の作成・変更、役員の選挙その他これらに準ずる重要な行為が、すべての構成員が平等に参加できる直接・秘密投票によって決定されることが必要とされています(同条3項本文)。「その他これらに準ずる重要な行為」とは、職員団体の上部団体への加入、脱退または提携、解散など、職員団体の存立および運営の基本的事項をいうとされています。

第3に、構成員が、同一の自治体に属する職員のみをもって構成されな

ければなりません（同条4項本文）。ここでいう「職員」とは、非現業のうち、団結権が認められていない警察・消防職員（同法52条5項）を除いた職員を指します（消防職員を排除していることの問題は、Q67参照）。

　これにより、複数の自治体の職員で構成する職員団体や、職員以外の者を構成員に加えている職員団体は登録資格がないことになります。ただし、職員以外の者でも、分限や懲戒で免職処分を受けて1年以内の者および処分に対する不服申立や訴訟が係属中の者、あるいは職員団体の役員である者については、構成員とすることが認められています（同法53条4項ただし書）。

　労働組合（職員団体）が、その構成員を誰にするかは、本来、自主的に決めるべき事柄であり、この規定には問題があります。

3　登録の効果

　自治体当局は、登録団体から適法な団交の申入れがあった場合は、これに応ずべき地位に立つとされています（地公法55条1項）。

　もっとも、非登録団体も、適法な職員団体であることに変わりはなく、憲法上の団体交渉権を有しています（地公法55条2項以下が登録の有無を問わず職員団体に適用されることからも、地公法は非登録団体との交渉を予定しているものといえます）。1973（昭和48）年の第三次公務員制度審議会の答申でも、非登録団体との交渉も当局はこれを拒否しないよう努めるべきであるとされています。

　また、法人格の取得については、2006（平成18）年に地公法54条が削除され、登録の有無を問わず、職員団体等に対する法人格の付与に関する法律によって規律されることとなり、非登録団体も人事委・公平委に規約の認証を受ければ法人登記ができるようになって（同法3条2項）、差異がなくなりました。

　他方、登録団体の職員は、任命権者の許可を受けて登録団体の役員としてもっぱら従事すること（いわゆる在籍専従）が認められています（地公法55条の2第1項ただし書）（**Q78**参照）。

　以上のように、登録の有無に関する実際上の違いは、在籍専従が認められるかどうか、という点のみと考えて差し支えありません。

Q&A 66 (職員団体に関する管理職範囲の変更)
公平委員会が管理職の範囲を変更したため、組合員資格を失いました。このようなことが許されるのですか。

1 「管理職員等」の意義

地公法52条3項は、管理職員等と一般職員とは同一の職員団体を組織することができず、管理職員等と一般職員とが組織する団体は地公法上の職員団体ではない、と規定しています。

本来、自主的に組織する団体である労働組合（職員団体）は、その構成員を自主的に決められるはずです。にもかかわらず、このような規定があるのは、使用者の立場に立って行動すべき職員が構成員になると、職員団体が御用組合化したり、一般職員の切崩しが行われるなど、職員団体の自主性が害されるおそれがあるからです。

したがって、「管理職員等」に該当する職員は、自治体との労使関係において使用者側の立場に立って行動すべき職員に限定されます。そして、それは個々の自治体における職制および権限分配の実態に基づき、職責により客観的に判断されます。

なお、ここでいう「管理職員等」は、労使関係上の概念であり、勤務実態によって労働時間などに関する規定が適用除外となる管理監督者（労基法41条2項）の範囲と一致するものではありません。

また、「管理職員等」に該当する職員のみによって、いわゆる管理職組合を結成することは可能です。

2 「管理職員等」の範囲

ところで、地公法52条4項は、「前項ただし書に規定する管理職員等の範囲は、人事委員会規則又は公平委員会規則で定める」と規定しています。

この趣旨は、管理職員等の範囲は個々の自治体における法令その他による職制および権限分配の実態に基づき客観的に定まるものであるけれども、労使間で紛議を生じがちな問題であるので、中立公正な、かつ、専門的な機関によってあらかじめこれを確認し、公示しておくことにあります。

したがって、客観的に管理職員等に該当しない職について、公平委員会

が、規則によって管理職員等として確認、公示しても、それは同法52条3項に違反し無効となります。

3 「管理職員等」の判断基準

組合員が管理職員等に該当するか否かについては、その具体的な職制と権限分配の実態に基づき、重要な行政上の決定に参画するか、職員の任免に関して直接の権限をもつか、労使関係上の機密事項に接する立場にあったか、などの観点から具体的に検討する必要があります。

実際には、公平委員会が不当に広範囲に定めている事例も少なくなく、注意が必要です。管理職員等に該当しないとした裁判例として、課長補佐職に関する大宇陀町事件・奈良地判平14・12・11判例秘書、課長補佐相当職に関する熊谷市事件・さいたま地判平19・7・13判タ1260号276頁、会計課出納担当主幹職に関する北本市事件・東京高判平22・8・25判時2098号45頁があります。

なお、管理職の範囲に含めるのとあわせて給与の引上げや管理職手当の支給がなされることもありますが、それは地公法52条3項ただし書の「管理職員等」の範囲と一致するものではなく、そのことだけで管理職員等に該当するとされるものではありません。

4 規則改正に対する救済方法

公平委が、管理職員等に該当しない職を管理職員等に含める規則改正を行ったとしても、かかる改正部分は無効であり、当該職にある組合員が組合員資格を失うことはありません。

また、管理職員等に該当しない職員が加入する職員団体について、公平委員会が改正規則の管理職員等に含まれることを理由にその職員団体登録を取り消すことは、違法な処分であって、取消訴訟の対象となります（職員団体登録取消処分を取り消した例として、前掲大宇陀町事件）。

さらに、地公法52条3項に反した規則改正は、当該職員の労働組合加入権および職員団体の団結権を違法に侵害するものとして、国賠法1条1項に基づく自治体の賠償責任が生じます（職員団体への賠償を命じた裁判例として前掲熊谷市事件、職員個人への賠償を命じた例として前掲北本市事件）。

(消防職員)
67 消防職員は労働組合をつくったり、団結活動をしたりできないのですか。

1 消防職員に対する団結権の禁止

憲法28条は、「勤労者の団結する権利及び団体交渉その他の団体行動をする権利は、これを保障する」と規定しています。

消防職員も勤労者ですから、これらの労働基本権が保障されるべきなのですが、地公法52条5項は、「警察職員及び消防職員は、職員の勤務条件の維持改善を図ることを目的とし、かつ、地方公共団体の当局と交渉する団体を結成し、又はこれに加入してはならない」と規定して、消防職員の団結権を禁止しています。

日本も批准しているILO87号条約（結社の自由及び団結権の保護に関する条約）9条では、「この条約に規定する保障を軍隊および警察に適用する範囲は、国内法令で定める」と規定し、消防職員の団結権は禁止していません。現に、ILO87号条約を批准した150カ国（2010（平成22）年1月現在）で、消防職員の団結権を禁止しているのは日本だけです。そして、消防職員に団結権が認められている国で消防業務に支障が生じたという話は聞きません。

日本政府は、日本の消防の行政と機能が警察に相当すると強弁して、消防職員の団結権禁止を正当化していますが、ILOの条約勧告適用専門家委員会は、日本政府に対し、何度も消防職員に団結権を認める必要があるとの意見を述べています。

そこで日本政府は、1995（平成7）年に消防組織法を改正して、消防職員委員会を設置し（同法17条）、この問題を糊塗しようとしました。しかし、これはとうてい団結権保障の代替措置といえるものではありませんので、その後も、条約勧告適用専門家委員会は、日本政府に対し、消防職員の団結権を保障するよう勧告してきました。

このような流れの中で、ようやく総務省も、消防職員に団結権と協約締結権を付与する方向での検討を始めましたが、全国消防長会等の反対もあ

り、難航しています。

2　自主組織活動は憲法に基づく権利

憲法21条は、「集会、結社及び言論、出版その他一切の表現の自由は、これを保障する」と定めています。そこで、消防職員が憲法21条に基づく権利として、自主組織を結成し、活動を進めることは自由です。

地公法が禁止しているのは、「職員の勤務条件の維持改善を図ることを目的とし、かつ、地方公共団体の当局と交渉する団体を結成」することですから、職員の親睦会や、消防制度などについての研究会など、「勤務条件の維持改善を図ること」を目的としない団体を結成することは自由です。

また、「勤務条件の維持改善を図ること」を目的とする団体であっても、その団体が自治体当局と「交渉」しない団体であれば、地公法に違反しません。「交渉」ではない、研究、宣伝、さらには当局との「協議」も禁止されていません。

3　消防職員委員会の限界

消防職員委員会は、「消防事務の円滑な運営に資する」ためという目的で設置された消防組織の一部であって、団結権を保障したものではありません。

現実に消防職員委員会を開催したところの経験からも、職員が意見を提出する際に記名を求められる、意見を出すと上司から取り下げるよう圧力がかかる、提出された意見が事務局の恣意的な判断で審議事項外と門前払いにされた、年1回の委員会さえ開催されない消防本部があるなど、職員の意見や要求を汲み上げる上で極めて不十分なものとなっています。

このような実態を改め、職員推薦による委員の公選制、委員会審議の公開、委員会の審議の結果の職員への周知など、消防職員委員会を可能な限り民主的なものとしていく必要があります。

現在認められている自主組織での活動や消防職員委員会の活用をさらに進めていくとともに、ILO87号条約違反の地公法52条5項を早急に改正して消防職員に団結権を保障するよう、政府と国会に働きかけていく必要があります。

(団体交渉権と勤務条件条例主義)

Q68 議会が、労使間の交渉もないまま、職員の給与を10%引き下げる給与条例案を可決しようとしていますが、許されるのでしょうか。

1 団体交渉権の保障

　地方公務員も憲法28条の「勤労者」として労働基本権が保障されています。地公法は、地方公務員の争議行為を禁止するとともに（同法37条）、非現業が結成加入する職員団体には団体協約（労働協約）の締結権を否定するなど（同法55条2項）、労働基本権に重大な制約を課していますが（Q64参照）、団体交渉権については制約を課していません。

　地公法55条1項は、登録団体について、職員の給与、勤務時間その他の勤務条件について、自治体の当局が職員団体と交渉すべき義務があるとしていますが、非登録団体も、憲法上、団体交渉権を有していることは当然であり、当局はこれを拒否できません。

　したがって、職員の給与、勤務時間その他の勤務条件は、すべて、自治体の当局と職員団体・労働組合との間における誠実な交渉を経た上で決定されるべきは当然です。それどころか、争議行為を禁止された公務員については、団体交渉権は、自らの給与、勤務時間その他の勤務条件の決定に関与できる唯一の手段ですから、その重要性はなおさらです。

2 勤務条件決定のルール

　他方で、非現業については、「給与、勤務時間その他の勤務条件は、条例で定める」として、条例により勤務条件が決定される旨を規定しています（勤務条件条例主義。地公法24条5項）。

　これは、公務員が全体の奉仕者であることおよび財政民主主義の見地から、その勤務条件を住民代表の議会による民主的統制のもとに置くとともに、勤務条件を条例という法規範で客観的に定めることによって、職員の身分と生活を保障しようとしたものとされています（Q24参照）。

　しかし、それは、条例で何でも一方的に定めることができるということではありません。地方公務員も憲法28条の「勤労者」であり、労働基本権が制約される中、団体交渉権は強く保障されるべきものであること、また、

給与その他の勤務条件の決定は具体的な事情を把握した労使に委ねるのが合理的なことが多く、それは尊重されるべきであること、議会は労使の現場からは離れた立場にありその判断には自ずから限界があることを認識すべきことを踏まえれば、議会は、勤務条件に関する条例を制定するにあたっては、まずは労使の団体交渉に委ねるべきです。そして、労使交渉の結果、合意に至った給与その他の勤務条件について、首長から条例・議決の提案があったときは、できるだけこれを尊重しなければなりません。

したがって、議会が、使用者である自治体当局と職員団体・労働組合との労使間交渉を経ないまま、あるいはこれを無視して、給与その他の勤務条件を引き下げることは、明らかに越権行為というべきです。それは憲法上の権利である労働基本権を侵害するものであり、違憲・違法というほかありません（Q26参照）。

まずは、このような条例案を可決させないことが重要ですので、議案の撤回を議会に働きかけていく必要があります。

3　労使交渉を経ない賃金引下げ条例の違憲・違法性

それでは、議会が可決してしまった場合はどうなるでしょうか。県の財政状況悪化を理由に単年度の給与を3.5％減額するなどの条例の違法性が問われた事件で、裁判所は、地公法55条に定める職員団体と誠実な交渉を経ることが給与に関する条例を制定するための要件となるとはいえず、それを欠くときまたは不十分な場合に、当該給与条例が違法かつ無効になるということはないとしました（愛知県事件・名古屋地判平17・1・26判時1941号49頁）。また、厳しい財政状況および東日本大震災への対処を理由に国家公務員の給与を平均7.8％減額する給与改定臨時特例法の違憲性が争われた事件では、国が同法の制定過程において、国公労連の団体交渉権を侵害したとか、この措置がILO87号条約等に違反するものとは認められないとしています（給与改定臨時特例法違憲訴訟・東京地判平26・10・30判時2255号37頁）。

しかし、労使間交渉が全くないまま、議員提案で給与を10％も引き下げるというのは、労働基本権や地公法上のルール無視も甚だしいものであり、そのような条例は憲法28条違反として違憲無効とされるべきです。

（誠実交渉義務）
Q69 団体交渉で当局が一方的な結論を押し付けるのみなのですが、このような態度は許されるのでしょうか。

1 自治体職員にとっての団体交渉権の意義

地公法55条1項は、自治体の当局に対して、職員の給与、勤務時間その他の勤務条件について、職員らの団結体である職員団体と交渉すべき義務を課しています。

争議行為を禁止されている公務員については、団体交渉権の保障がとりわけ重要です。また、人事委を設置していない市町村においては、適切な給与改定を担保する制度は、団体交渉しかありません。

2 誠実交渉義務とは

地公法55条1項の定める職員団体との交渉義務の内容は、民間における使用者の労働組合に対する誠実交渉義務と変わりがありません。

（1）**交渉責任者** 職員団体が交渉する当局は、交渉事項について適法に管理し、または決定することのできる自治体の当局とされています（地公法55条4項）。そして、当局は、提案の撤回や修正を判断する権限が与えられている者を出席させる必要性があります。たとえ、担当者に処理権限がないとしても、組合がそうした者を相手方として団交を申し入れた場合、権限がないという理由だけで団交を拒否することはできず、交渉に応じた上で、権限ある者に諮って適宜の処置をとるべき義務があります（都城郵便局事件・最判昭51・6・3労判254号20頁）。

（2）**誠実な対応** 誠実交渉義務があるということは、当局には、職員団体と、合意達成の可能性を模索する義務があることを意味します。

すなわち、当局には、「自己の主張を相手方が理解し、納得することを目指して、誠意をもって団体交渉に当たらなければならず、労働組合の要求や主張に対する回答や自己の主張の根拠を具体的に説明したり、必要な資料を提示するなどし、また、結局において労働組合の要求に対し譲歩することができないとしても、その論拠を示して反論するなどの努力をすべき義務」があります（カール・ツアイス事件・東京地判平元・9・22労判548

号64頁）。

　したがって、当局が一方的な結論を押し付けるのみの団体交渉は、到底誠実な団体交渉とはいえません。職員団体・労働組合としては、粘り強く団体交渉を継続し、自らの主張・要求の根拠を述べるとともに、当局側の主張の理由の開示、資料の提供を求めていきましょう。

　また、労使双方が当該議題について、それぞれ自己の主張・提案・説明を出し尽くし、これ以上は交渉を重ねても進展する見込みがない段階に至ったというような場合でなければ、一方的に交渉を打ち切ることは許されません（シムラ事件・東京地判平9・3・27労判720号85頁）。

3　不誠実団交に対する救済手続

　当局が不誠実な対応をしたとき、公企・現業の労働組合は、労委にあっせん・調停、不当労働行為救済申立てができるほか、団結権侵害として損害賠償請求をすることもできます（神谷商事事件・東京高判平15・10・29労判865号34頁）。

　これに対し、非現業の職員団体は、労委制度は利用できませんが、団結権侵害として損害賠償請求をすることができるのは同じです。裁判例では、2年2カ月という長期にわたり当局が組合の交渉申入れに一切応じなかったという事案において、「登録を受けた職員団体としての社会的評価及び存在価値を著しく毀損され、またその諸活動にも大きな障害を被ったことを推認するに難くない」として、当局の不法行為を認定し、損害賠償を命じたものがあります（兵庫県教委事件・神戸地判昭63・2・19労判513号6頁）。

(管理運営事項)

70 窓口業務の民間委託にかかわる事項について団交を申し入れたところ、管理運営事項として交渉を拒否されました。どう対応したらよいでしょうか。

1 管理運営事項と団交の対象範囲

　管理運営事項とは、自治体の機関がその本来の職務または権限として、法令、条例、規則その他の規程、あるいは自治体の議会の議決に基づき、もっぱら自らの判断と責任に基づいて執行すべき事項であるとされており、地公法55条3項は、「地方公共団体の事務の管理及び運営に関する事項は、交渉の対象とすることができない」としています。地公労法7条にも同様の規定があります。

　これは、自治体当局がその責任において執行すべき管理運営事項について、職員団体と交渉をしてこれを遂行するとなると、行政上の責任を職員団体と分かち合うことになりかねないから、とされています。

　しかし、管理運営事項に関するものがすべて団交の対象とならないというわけではありません。管理運営事項であっても、それが同時に勤務条件に影響を与える場合には、団体交渉の対象になります。たとえば、日本プロフェッショナル野球組織事件・東京高決平16・9・8労判879号90頁は、労働条件に関連する以上は、企業の営業譲渡・統合等自体ですら、団交応諾義務ありとしています。

　自治体の事件としては、①そもそも管理運営事項ではないとされたものとして、チェックオフ手数料(泉佐野市事件・大阪府労委平27・7・28労判1123号165頁)、②管理運営事項であるが勤務条件に関連するもので義務的団交事項にあたるとされたものとして、懲戒処分を受けた組合員の昇給延伸(広島県教委事件・中労委平19・11・7労判949号89頁)、卒業式・入学式時の国旗掲揚・国歌斉唱に関する条例の適用(大阪市事件・中労委平26・10・1労判1104号92頁)、臨時職員、特別職非常勤職員の継続任用(高島市事件・中労委平25・10・16中労委データベース、城陽市(学童保育指導員)事件・中労委平27・3・18労判1112号91頁、大阪府教委(大阪教育合同労組)事件・東京地判平25・10・21労判1083号5頁、同東京高判平26・3・18労判1123

号159頁）、校務員の配置の変更に伴う職務範囲や職務内容、職場環境の整備等（吹田市（校務員配置）事件・東京地判平26・11・17労判1115号42頁）、③管理運営事項であるが，団体的労使関係事項に関するもので義務的団交事項にあたるとされたものとして、組合事務所使用料（泉佐野市事件・大阪府労委平27・1・13中労委データベース、同大阪府労委平27・5・19労判1121号94頁）などがあります。

　公共企業体等の生産その他事業計画などの管理運営に関する事項であっても、それが労働条件に関連をもつ限り団体交渉の対象となります（鹿屋郵便局事件・鹿児島地判昭43・3・21判時517号37頁）。

　所長の追放を要求して労働争議をする場合でも、それがもっぱら所長の追放自体を直接の目的とするものではなく、労働条件の維持改善その他経済的地位の向上をはかるための必要的手段として主張する場合には、労働組合運動として正当な範囲を逸脱するものとはいえないとした判例（大浜炭鉱事件・最判昭24・4・23刑集3巻5号592頁）もあります。

2　民間委託と管理運営事項

　ごみ収集業務の民間委託について、市当局が、管理運営事項であり、労働条件の変更はないと主張し、団体交渉に誠実に対応しなかった事案において、同じ衛生局内であっても配置換えとなれば、業務内容、勤務箇所、勤務時間などの労働条件に変更がないと認めることは到底できないとして、不当労働行為を認めた労働委員会の命令があります（南島原市事件・長崎県労委平26・7・22中労委データベース）。

　窓口業務の民間委託に関しても、それまで窓口業務に従事していた職員について、配置転換に伴って勤務条件の変更が予想されます。そのような場合には、職員の勤務条件と密接に関連することになりますから、当局が管理運営事項であることを理由として交渉を拒否することは許されません。

　なお、民間委託の撤回そのものは管理運営事項なので、そのこと自体を団体交渉の議題としていると受け取られないよう、交渉事項の設定にあたっては注意が必要です。

（団体交渉ルール）

71 当局が、団体交渉の時間制限や一般公開などを組合に押しつけようとしていますが、仕方ないのでしょうか。

1 地公法の規定

地公法55条5項は、団体交渉について、「あらかじめ取り決めた員数の範囲内で」、「議題、時間、場所その他必要な事項をあらかじめ取り決めて行なう」と規定しています。そのため、当局が一方的に交渉ルールを押しつけ、組合がこれに同意できない場合に、あらかじめの取り決めがないことを理由に団体交渉を拒否してくる場合があります。

しかし、団体交渉に関する手続やルールは、労使関係の運営に関する事項ですから、それは労使の交渉によって決めるべきものであり、当局が一方的に押しつけることは許されません。

1960年代に、ILOは日本政府に対し、ILO87号条約の批准、公務員に対する労働基本権の確保を求めてきました。その際、ILO結社の自由委員会から付託を受けた実情調査調停委員会が発表したドライヤー報告は「これらの諸規定（地公法55条）の価値について深刻な疑問を抱く。一般的にいって最も成功的な労使間の交渉の手続は、法律の規定によって詳細に決めるよりは、むしろ当事者双方によって、賢明な慣行として徐々に発展するものである。」（2233項）と述べています。

2 団体交渉ルール

実際に団体交渉を開催するにあたっては、まず、組合から当局に対して、担当者や交渉事項を明らかにして団体交渉の申入れを行うのが一般的です。そして、組合と当局との間で、員数、議題、時間、場所その他必要な事項をあらかじめ予備交渉で取り決めて行うことになります（地公法55条5項）。

当局が、団体交渉の員数・日時・場所・時間等について条件を出し、それに固執する場合には、その条件の合理性によって当局の態度が妥当かどうかが判断されます。会社が団体交渉の場所を会社外と指定し、これに組合が反対したため団体交渉が開かれなかった事案について、ルール未確立を理由に交渉を拒否し続けることは許されないとしたものとして、商大自

動車教習所事件・東京高判昭62・9・8労判508号59頁、会社が5名以内という条件に固執して交渉に応じず、短時間で退席したことが不当労働行為とされたものとして、鴻池運輸事件・中労委平25・5・15中労委データベースがあります。

　団体交渉の時間制限についても、従来行われていた交渉時間や交渉課題との関係であまりにも短い時間を提案している場合には、当局の提示した条件は合理性を欠き、当局に誠実な交渉意思があるのか疑われることになり、不当な団交拒否となります。

3　団交議事録や団体交渉の公開

　最近、当局が団交議事録や団体交渉それ自体の公開を要求してくる例があります。

　団体交渉は、労使間の代表者による合意形成のための交渉の場であり、そこでは担当者の自由な発言が保障される必要があります。もし、団交議事録や団体交渉をそのまま公開することになれば、率直な話し合いが困難となり、外部の者からの攻撃等、さまざまな弊害も予想され、自由な意見交換に基づく団体交渉の意義が失われてしまいます。

　そのため、団交議事録や団体交渉をそのまま公開することは、団体交渉権を侵害するおそれがあります。

　もっとも、団交議事録は公文書・情報にあたるので、発言者や出席者の氏名を秘匿する等、自由な発言を阻害しない形であれば、その公開は不当ではないという考え方もありますので、注意が必要です。

　しかし、団体交渉それ自体の公開ということになると、団体交渉における自由な意見交換が阻害される程度はより一層大きなものがあります。また、特定の処遇をめぐってプライバシーにもかかわる事実のやりとりがなされることもあります。そもそも、一般に自治体の契約締結にあたっての交渉過程が公開されることはないのに、職員団体や労働組合との交渉のみ、公開されるべき合理的な理由はありません。したがって、団体交渉の場それ自体は、非公開とすべきです。もし仮に、当局が、団体交渉の公開に固執し、公開しない限り団交には応じないという態度をとる場合には、不当な団交拒否または支配介入として団結権侵害・不当労働行為となります。

(書面協定)
72 書面協定は民間の労働協約とは違うのですか。

1 労働協約とは

労働協約とは、労働組合と使用者が交渉の結果、合意に達した労働条件などについて、双方がその合意内容を書面に残すものです（労組法14条）。

労働条件は、本来は個々の労働者と使用者の合意（労働契約）によって決められるものですが、労働者と使用者の力関係の差から、労働者が1人で使用者と対等に交渉を行うことは困難です。そのため、労働者は、労働組合を結成し、場合によっては争議権を行使しながら、使用者と対等な立場に立って交渉を進めます。これが憲法28条が労働基本権を保障した趣旨です。

団体交渉の結果として成立した合意内容を書面にしたものが労働協約であり、労使双方がこれを遵守すべき義務（債務的効力）を負います。さらに、労組法は、労働協約については、労働協約の内容がただちに個々の組合員の労働条件になるという規範的効力（労組法16条、労基法92条、労契法13条）や、労働協約の内容が事業所単位や地域単位で非組合員の労働条件にもなるという一般的拘束力（労組法17条、18条）を定めています。

2 書面協定とは

地方公務員の中でも、公企・現業・特定地方独法職員・特別職非常勤職員については労組法が適用されます。したがって、これらの職員によって構成される労働組合は、使用者である当局との間で労働協約を締結することができます（地公労法7条、労組法14条）。ただし、地公労法適用職員の場合、条例に抵触する協定については議会の議決が必要です（地公労法8条）。

これに対し、非現業については、「職員団体と地方公共団体の当局との交渉は、団体協約を締結する権利を含まない」とされ（地公法55条2項）、それに代わるものとして、「職員団体は、法令、条例、地方公共団体の規則及び地方公共団体の機関の定める規程にてい触しない限りにおいて、当該地方公共団体の当局と書面による協定を結ぶことができる」（同条9項）

とされています（書面協定）。

　非現業職員に団交権を承認しながら、協約締結権を否定している根拠については、公務員としての全体の奉仕者性、財政民主主義、勤務条件条例主義などがあげられています。しかし、いずれに対しても強い批判があり、憲法28条違反との指摘は免れません。

　なお、ILO87号条約についてのドライヤー報告（Q65、71参照）は、労働基本権を侵害する日本の公務員法制を鋭く批判していたところですが、その後も、ILO結社の自由委員会からは、日本政府に対して、繰り返し、公務員の労働基本権の確保を求める勧告が出されています。

　そのため、政府も、2008（平成20）年の国家公務員制度改革基本法を受けて協約締結権付与の検討を進め、2011（平成23）年には協約締結権付与を一つの柱とする国家公務員制度改革関連4法案を国会に提出しましたが、これは廃案となり、現在に至っています。

3　書面協定の効力

　書面協定について、地公法は、「誠意と責任をもつて履行しなければならない」（同法55条10項）と定めています。

　この書面協定の効力については、協約締結権が否定されていることとの関係で、当局から法的拘束力がないなどと主張されることがありますが、誤りです。書面協定は、団体交渉の結果、双方で合意に達した事項を文書で確認したものであり、一種の契約です。契約が成立している以上、法的拘束力（債務的効力）があることは当然です。したがって、当局が書面協定に違反したり、ましてや、書面協定を一方的に破棄するようなことは認められず、そのような場合には、自治体は職員団体に対し、債務不履行に基づく損害賠償責任を負うことになります。

　ただ、書面協定には、労働協約の場合には認められている規範的効力や一般的拘束力は認められていません。そのため、書面協定を締結することにより、書面協定の内容がただちに勤務条件の内容となるわけではなく、書面協定の内容を条例化することが必要となります。

　書面協定は団体交渉権を実効性あるものとするための重要な意義がありますので、現場での団結と闘いの力によって、当局に書面協定を守らせていく必要があります。

(組合間差別)

73 多数派組合と少数派組合との間で、団交のもち方、資料提供などで差別的取扱いがなされています。これは許されるのですか。

1 使用者の平等取扱義務

複数の労働組合がある場合、使用者は、どの労働組合に対しても中立的態度を保持し、平等取扱いをしなければなりません（中立保持義務、平等取扱義務）。これは多数派組合であろうが、少数派組合であろうが、憲法28条の団結権の保障を受けることに変わりはないからであり、「単に団体交渉の場面に限らず、全ての面で……各組合の性格、傾向や従来の運動路線のいかんによって差別的取扱いをすることは許されない」ものとされています（日産自動車事件・最判昭60・4・23労判450号23頁）。したがって、これに反する使用者の行為は、不当労働行為（労組法7条2号、3号）ないし団結権侵害（職員団体の場合）にあたります。

もっとも、組合によって使用者との交渉力に差が生ずることは否定できない事実であり、「団結力の小さい組合が団体交渉において使用者側の力に押し切られることがあったとしても、そのこと自体に法的な問題が生ずるものではな」く、「使用者において複数の併存組合に対し、ほぼ同一時期に同一内容の労働条件の提示を行い、それぞれ団体交渉を行った結果、従業員の圧倒的多数を擁する組合との間に一定の条件で合意が成立するに至ったが、少数派組合との間では意見の対立点がなお大きいという場合に、使用者が、……少数派組合に対し右条件を受諾するよう求め、これをもって譲歩の限度とする強い態度を示したとしても、そのことから直ちに使用者の交渉態度に非難すべきものがあるとすることはできない」が、少数派組合への「嫌悪の意図が決定的な動機となって行われた行為があり、団体交渉が既成事実を維持するため形式的に行われていると認められる特段の事情がある場合」には、少数派組合に対する不当労働行為が成立する、とされています（前掲日産自動車事件最判）。

この事案では、多数派組合との間で先に交替制勤務・計画残業について交渉し、合意をした上で、少数派組合との間では、少数派組合が計画残業

に反対であるとの形式的理由により、少数派組合員を残業させないとしたことは、実質的には少数派組合員に経済的打撃を与え、少数派組合の弱体化が生じることを企図したものであるとして、労組法7条2号および3号の不当労働行為にあたるとされました。

また、多数派組合との間では一時金協定が締結されたが、少数派組合との間では労働組合側が拒否したため締結に至らず、その結果少数派組合の組合員には一時金が支給されなかった事案で、労働組合の意思に基づく選択のようにみえる場合でも、それは使用者が、「生産性向上への協力」といった、それ自体合理性に乏しい差し違え条件に固執したことが原因である場合は、労組法7条1号および3号の不当労働行為になります（日本メールオーダー事件・最判昭59・5・29労判430号15頁）。

自治体における事例としては、市が多数派組合にのみ競輪開催にかかる応援募集の依頼をして、少数派組合に応援募集の依頼をしなかったことは、少数派組合員であることを理由とする不利益取扱いに該当するとともに、支配介入にも該当すると判断したものがあります（小田原市事件・神奈川県労委平19・12・14中労委データベース）。

2　団体交渉における情報提供差別

団体交渉に際して、多数派組合に対して先に、経営協議会などの場で具体的な資料に基づく説明を行い、少数派組合には経営協議会に参加していないからなどの理由でわずかな資料しか提供しないとすれば、少数派組合の団体交渉権は大きく制約を受けることになりますので、これは少数派組合に対する団体交渉拒否（労組法7条2号）となります（NTT西日本事件・東京高判平22・9・28労判1017号37頁）。

なお、職員団体に対する不当労働行為への対抗措置は**Q82**を、いわゆる混合組合（労組法適用・非適用の組合員が混在する組合）については**Q83**を、それぞれ参照してください。

（労組法上の使用者）

74 指定管理者で働く労働者で組合を結成して市当局に団交を申し入れたのですが、市当局は応じません。許されるのでしょうか。

1 自治体は使用者か

指定管理者は、その収入のほとんどが自治体からの委託料で占められ、自治体からの指定がなくなると仕事がなくなってしまうことがあります。このような場合、指定管理者で働く労働者の雇用や労働条件は、事実上、自治体の意向で決まってしまうので、労働組合としては、指定管理者よりも自治体と団体交渉する必要があります。

しかし、直接の雇主は形式上、指定管理者であって市ではないので、市がそれを理由に団体交渉を拒否することがあります。このような場合に、指定管理者に雇用される労働者は市を相手に団体交渉する権利はないのか、これが「労組法上の使用者」性の問題です。

2 派遣先の使用者性

労組法上の使用者と認められるのは、労働契約上の雇用主に限られません。朝日放送事件・最判平7・2・28労判668号11頁は、派遣労働者に対する派遣先の使用者性に関し、「雇用主以外の事業主であっても、雇用主から労働者の派遣を受けて自己の業務に従事させ、その労働者の基本的な労働条件等について、雇用主と部分的とはいえ同視できる程度に現実的かつ具体的に支配、決定することができる地位にある場合」には、その限りにおいて、労組法7条2号の「使用者」にあたるとしました。

この場合、労働者派遣は適法であるとは限りません。委託や請負という形式でありながら、委託元が委託先の労働者に対して直接指揮命令をしている場合（いわゆる偽装請負）や違法派遣の場合にも、雇用主と同視できる程度に労働条件を支配、決定しているときは、その限りで労組法7条の「使用者」にあたるとされています（神戸刑務所管理栄養士事件・神戸地判平24・1・18労判1048号140頁、阪急交通社事件・東京地判平25・12・5労判1091号14頁など）。しかしながら、このような委託元の「現実的かつ具体的な支配」が委託先における「雇用の存続」にまで及ぶかというと、委託先

が独立した事業体としての実態を備えている場合には困難があります。たとえば、中国・九州地方整備局事件・東京地判平27・9・10労旬1853号64頁は、公用車の受託業務につき、委託者（国交省）から直接の指揮命令が行われていた実態があることから、運行先、運行時間および業務内容等の労働条件については使用者性を認めたものの、雇用の継続については使用者性が認められないとしています。

3　親企業の使用者性

近年、朝日放送事件最判の枠組みを、いわゆる親子関係の場合（親会社が株式所有や役員派遣等を通じて子会社を支配している場合や、発注者が専属下請を支配しているような場合）にも適用して、労組法上の使用者性を狭く限定的に解釈する傾向があります。

たとえば、「市は採用、配置、雇用の終了等一連の雇用の管理全般についてまで雇用主と部分的とはいえ同視できるほどに現実的かつ具体的な支配力を有していたと認めることはできない」として、市当局の使用者性を否定するなどです（東海市事件・中労委平25・1・25中労委データベース）。現状では、市当局の使用者性を認めさせるのは容易ではありません。

かつては、学校給食公社について、市教委が労働条件等について実質上の影響力を有しこれを行使してきたことは明らかであるとして、市教委の団交応諾義務を認めたもの（福岡市学校給食公社事件・福岡地労委昭58・6・6労判414号76頁）、市から芸術文化会館の管理を受託していた事業団の職員組合から雇用確保に関する団体交渉の申入れがなされたケースで、市が事業団に対し人事・財政・業務面において大きな影響力を及ぼしているとして市の団交応諾義務を認めたもの（栗東市事件・滋賀県労委平18・10・27労判925号90頁）がありました。

裁判例でも、いわゆる支配力説に立って親会社の使用者性を認めたものがあります（本四海峡バス事件・大阪高判平15・12・24労旬1577号48頁）。

指定管理者で働く労働者が市に団体交渉を申し入れる際には、使用者性を限定的に解釈する枠組みを批判しつつ、実際に指定管理者で働く労働者の生殺与奪の権利を握っているのは自治体当局であることを具体的に指摘し、交渉を求めていく必要があります。

(便宜供与)
75 労働組合への便宜供与に対する攻撃が強まっていますが、どのように考えたらいいでしょうか。

1 便宜供与とは

憲法28条の労働基本権を実効あるものとするためには、労働組合を容認すべき立場にある使用者が、労働組合に必要な協力をすることが不可欠です。これは、使用者の団結承認義務とも呼ばれています。その使用者に課される協力の一つとして、労働組合に対する一定の便宜供与があります。

便宜供与として、労働組合の自主性・独立性を損なうようなものは、当然ながら許されませんが、労組法でも、それに至らない、労働時間中の団体交渉や労使協議の有給保障、福利厚生基金への補助、最小限の広さの事務所の供与が認められています（労組法2条2号ただし書、7条3号ただし書）。

これは自治体の職場でも変わるものではありません。実際、組合事務所の供与や使用料・光熱水費の負担、組合掲示板の設置、組合費のチェックオフ、在籍専従（地公法55条の2、地公労法6条）、時間内組合活動（地公法55条8項参照）等が行われています。このような便宜供与は、労働組合の自主性・独立性を損なうものでない限り、基本的に労使自治によってなされるべきものです。

2 便宜供与の剥奪と不当労働行為

労働組合が団結権に基づき、便宜供与を当然に使用者に請求する権利までは認められていませんが、複数の労働組合が併存する場合に、使用者が一方の労働組合にのみ便宜供与し、他方に拒否することは支配介入の不当労働行為となります（日産自動車事件・最判昭62・5・8労判496号6頁）。

また、労使合意や労使慣行により一定期間便宜供与が続けられた後、使用者が合理的理由なく一方的に廃止することは、やはり支配介入の不当労働行為となり、損害賠償の対象にもなります（岩井金属工業事件・東京地判平8・3・28労判694号65頁、神谷商事事件・東京地判平8・6・26労判699号51頁等）。

3　組合事務所の供与・剥奪

　自治体庁舎における組合事務所の供与は、現在では、自治法238条の４第７項に基づく行政財産の「用途又は目的を妨げない限度」での目的外使用許可処分として行われています。各自治体では、条例や規則において、許可の期間が原則１年間を上限とされている例が多いことから、労働組合が毎年使用許可を申請し、使用許可処分を受けて、組合事務所の使用を継続しているのが一般的です。

　では、自治体当局が、許可期間の途中に公用・公共用に供する必要や許可条件違反を理由に許可を取り消したり（同法238条の４第９項）、許可更新時に不許可として、組合事務所の退去を求めてきた場合、これを争えないのでしょうか。

　労働組合の活動の拠点・基盤となるという組合事務所の重要性からすれば、これが労働組合への不当な支配介入の意図によってなされた場合や、労働組合の不利益に対する配慮を欠く態様である場合には、不許可処分は裁量権を逸脱・濫用したものとして違法となり（大阪市事件・大阪地判平26・９・10判時2261号128頁）、また、不当労働行為として救済対象になります（大阪市事件・中労委平27・10・21労旬1857号82頁）。

4　組合掲示板の供与・剥奪

　組合掲示板も、組合員やその他の職員に対する情報宣伝を行う重要な手段です。もっとも、組合事務所と異なり、掲示板の使用については、事実上の許可や庁舎管理規定による掲示禁止の解除にすぎないとされています（全逓昭和郵便局事件・最判昭57・10・７民集36巻10号2091頁）。

　しかし、組合掲示板の組合活動にとっての必要性からすれば、これを上回る庁舎管理上の必要がないとか、組合弱体化を目的とする場合には、庁舎管理権の濫用ないし不当労働行為として許されないと解すべきです。

　なお、組合事務所の使用料等（**Q76**）、組合費のチェックオフ（**Q77**）、在籍専従（**Q78**）、時間内組合活動（**Q79**）についてはそれぞれの設問を参照してください。

（組合事務所使用料）

76 長年無償で使用してきた庁舎内の組合事務所について、当局が使用料を徴収するといい出していますが、許されるのでしょうか。

1　組合事務所の使用権原と使用料

　庁舎内の組合事務所について、多くの自治体では、その使用権原を行政財産の目的外使用許可（自治法238条の4第7項）に求めています（Q75参照）。

　地公法が職員団体を、いわば企業別労働組合として法定していることからすれば、職員団体がその事務所として行政財産である庁舎を使用することは当然予定されているといえます。実際にも、従来、多くの自治体では、行政財産である庁舎等の一部を組合事務所として使用を許可するにあたって、職員団体の存在やその活動の意義等に鑑みて、その使用料については徴収しない（全額免除する）という取扱いが一般的でした。

　しかし、近年の公務員バッシングの風潮の中、従来の取扱いを変更して、組合事務所の使用料を徴収しようとする自治体が現れ始めています。

　なお、職員の福利厚生施設として設置されている職員会館などは、行政財産ではなく普通財産とされている場合があります。このような施設を組合事務所として使用する場合には、当然、行政財産の目的外使用許可は不要ですし、当該施設の設置目的にかなった本来的使用である以上は、使用料も発生しないものと考えることができます。

2　一方的な使用料徴収は不当労働行為

　行政財産の目的外使用を許可するかどうかや、許可する場合でも使用料を徴収するかどうかは、原則として管理者の裁量に委ねられます。

　しかし、労働組合等にとって、組合事務所はその活動の拠点であり、団結の中心です。そして、組合事務所を使用させるかどうかやその使用料等の条件をどのように設定するかは、団体的労使関係事項であって、管理運営事項そのものでない限り、使用者は団体交渉に応じる義務があります（義務的団交事項）。

　したがって、行政財産の管理者としては、労使合意ないし労使慣行によって、これまで無償で使用を許可してきた取扱いを変更して、使用料を徴

収しようとする場合には、あらかじめ、労働組合等に対して交渉を申し入れ、誠実に協議することが義務付けられます。

　自治体当局が、一方的に方針を変更して使用料を徴収することは支配介入となりますし、組合に対して取扱いを変更する理由を説明しなかったり代替手段等についての誠実に協議しなかったときは、不誠実団交となり、いずれも不当労働行為となります。

　泉佐野市事件（大阪府労委平27・1・13中労委データベース、同大阪府労委平27・5・19労判1121号94頁）では、市が使用料徴収にかかる方針変更について労働組合に対して必要な説明をしないままに一方的に負担を強いたことが支配介入にあたると判断され、また、労働組合が団交の議題として、従前とは異なり使用料の減免申請を不承認としたことの理由の説明や代替手段・措置について協議すること等、組合事務所のあり方や使用条件全般について交渉を申し入れているにもかかわらず、市が交渉に応じなかったことは、正当な理由がない団交拒否であると判断されています。

3　一方的な使用料徴収に対する争い方

　一方的な使用料徴収決定がなされたときは、首長に対して、3カ月以内に審査請求を行うことができます（行審法2条、自治法229条）。裁判所に取消訴訟を提起するにはこの審査請求が前置とされています（自治法229条4項）。また、労働組合等に労組法適用の職員がいる場合には、支配介入として労委に救済申立てが可能です（**Q83**参照）。

Q77（チェックオフ）当局が組合費のチェックオフの中止を通告してきましたが、許されるのですか。

1　チェックオフの法的根拠

　組合費のチェックオフとは、使用者が支給すべき給与から組合費を天引きした上で、一括して組合に納める制度です。チェックオフは、労働組合にとっては、組合費を確実に集めることができますので、財政的な基盤を確立し、団結を維持する上で重要な制度であるといえます。

　チェックオフは、給与の全額払の原則との関係から、地公法が適用される非現業については、法律または条例に基づき（地公法25条2項）、労基法が適用される公企・現業等については、法令または過半数労組もしくは過半数代表との間の書面協定に基づき（労基法24条1項）、実施されなければなりません（なお、ここにいう「法令」には条例を含みます。昭24・10・19基収3018号、昭33・2・13基発90号参照）。

　このように、チェックオフは労働組合の財政的な基盤の確立にとって重要なものであり、また、その自主性・独立性を損なうものではないことから、労働組合に対する違法な「経理上の援助」（労組法2条2号、7条3号）にはあたらず（昭24・8・8労発317号）、支配介入にも該当しないとされています（昭24・8・1労働法規課長内翰）。

2　チェックオフの一方的中止と不当労働行為

　適法に実施されてきたチェックオフについて、使用者が、合理的な理由もなく、また、労使間で十分に協議して合意形成を行うための適正な事前手続をとることなく、条例を廃止したり、書面協定を解約（不更新）することにより、チェックオフを一方的に中止すれば、支配介入として団結権侵害ないし不当労働行為に該当し、違法となります。この点、大阪市（市職労）事件・大阪地判平23・8・24労判1036号30頁は、チェックオフ廃止条例を適法としましたが、民間や公営企業の事例では、これを不当労働行為とする判断がいくつも出ています（トップ工業事件・新潟地判平4・1・28労判608号40頁、大阪市事件・中労委平27・11・18中労委データベース）。

チェックオフを中止するかどうかについて、当局は、管理運営事項（地公法55条3項、地公労法7条1項ただし書）に該当するとして、団体交渉に応じないことがあります。しかし、チェックオフは、前記の通り条例等に基づいて行われるものであり、長の裁量によってなし得るものではないのですから、管理運営事項とはいえず、他方で、労働組合の組合費の支払方法であって、団体的労使関係の運営に関する事項ですから、義務的団交事項（地公法55条1項）というべきです。チェックオフの中止をめぐる団体交渉に応じないことは不当労働行為であり、許されません（泉佐野市事件・大阪府労委平27・7・28労判1123号165頁）。

他方で、チェックオフが法的根拠に基づくものでなかった場合について、済生会中央病院事件・最判平元・12・11民集43巻12号1786頁、労判552号10頁は、使用者が過半数労組であるかどうかに疑いが生じた場合にチェックオフを一方的に中止したとしても、支配介入の不当労働行為とはいえないと判断しています。しかし、チェックオフが労基法上適法なものであるかどうかと、支配介入の成否は分けて考えるべきであり、不当労働行為に該当するかどうかは、チェックオフが実施されてきた経緯や、中止に至る経緯などに照らして、組合弱体化をはかるものといえるかどうかによって判断すべきです。

3　チェックオフの費用徴収

長期間にわたり無償で行ってきたチェックオフにつき、費用を徴収しようとしたり、これに応じないことを理由に、チェックオフを中止することは、支配介入の不当労働行為にあたります（前掲泉佐野市事件・大阪府労委命令）。

また、チェックオフの費用徴収にかかわる事項も、団体的労使関係の運営に関する事項として義務的団交事項（地公法55条1項）にあたります。この点に関して当局が団体交渉に応じないことは不当労働行為であり、許されません（前掲泉佐野市事件・大阪府労委命令）。

(在籍専従)

78 組合役員の在籍専従を当局が認めないのですが、どうすればよいでしょうか。上部団体へ派遣する場合はどうでしょうか。

1 在籍専従制度

地公法55条の2は、地方公務員の身分を有しながら、職員団体の専従役員として活動することを許可する制度（在籍専従）を設けています。

すなわち、①登録を受けた職員団体について、②役員（執行権限をもつ機関の構成員および監査権限をもつ機関の構成員）となり、③当該職員団体の業務にもっぱら従事するものである場合に、在籍専従の許可を行うことができるとされています。なお、在籍専従の期間は、職員の在職期間を通じて7年を超えることができないとされ（地公法55条の2、同附則20条、地公労法6条、同附則4条）、その間は休職となり、給与は支給されません（地公法55条の2第5項、地公労法6条5項）。

この制度は、かつては、職務専念義務の免除を定める条例（地公法35条の特例条例）に基づき、「休暇専従」として認められていたところ、ILO87号条約の批准に伴い、1965（昭和40）年に、職員団体の役員を職員以外の者からも選任することができるように地公法を改正したのと併せて（同法53条5項後段）、職員のままで専従役員となることができることが法律上明記されたものです（もっとも、登録団体の役員以外の構成員は当該自治体の職員に限定されており、役員に職員以外の者が就くということは一般的ではありません）。

いわば企業内組合であるという登録団体の性格や、職場が点在しているという自治体特有の状況からすれば、在籍専従を確保すべき要請は、民間よりも大きいといえます。また、在籍専従は、円滑な労使関係を築くという意味で、自治体当局にとっても有益なことです。

2 在籍専従の許可

「休暇専従」の時代の判例ですが、この制度は効果的な団体交渉を行うなど、職員の団結権等を保護するための制度（法的処置を講じたもの）であるとし、これを承認するかどうかについて、任命権者の裁量には法的制

約が課せられているとされています（和教組事件・最大判昭40・7・14民集19巻5号1198頁）。

1965（昭和40）年改正地公法では、在籍専従の許可は、「任命権者が相当と認める場合に与えることができる」と規定されましたが、和教組事件最判の趣旨はなお妥当すると解されており、「任命権者の行った不許可が、職員団体に対し不当に干渉する意図でなされる等、裁量権の範囲を逸脱し、又は権利の濫用に亘ると認むべき場合」には、不許可処分は違法となります（羽曳野市事件・大阪地判平4・10・2労判620号65頁）。

労使間の交渉・協議によっても、なお自治体当局が在籍専従の申請を許可しない場合には、不許可処分の取消し等の行政訴訟を提起することができます。

3 在籍専従の上部団体への派遣

在籍専従は「職員団体の業務にもっぱら従事する」ためのものですが、同時に、未登録団体である上部団体の役員を兼任して、その業務に従事することもあります。それが、たとえその上部団体に派遣されてその業務に従事するような場合でも、その上部団体が傘下の組織の中枢としてこれを統括し、上部団体の業務が職員団体の固有の業務と密接に関連していることからすれば、なお前記①③の要件を満たしていると解されています（前掲羽曳野市事件判決）。

(時間内組合活動)

79 勤務時間内に団体交渉や組合の会議を行うことはできますか。

1 時間内組合活動と職務専念義務

　自治体の労働組合にとって、勤務時間外にしか組合活動を行うことができないとすれば、その活動は困難になります。反対に、職員である組合員が職場にいることの多い勤務時間内に活動することができれば活動の活発化につながります。また、自治体当局にとっても、勤務時間内での交渉等、労働組合の一定の活動を認めた方が、交渉等がスムーズに行く場合も多くあります。

　そこで、職務専念義務（地公法35条。Q19参照）の例外として、在籍専従や、勤務時間中における適法な交渉への参加等ができる場合が、法律や条例で定められています。

2 職務専念義務が免除される場合

　法律または条例の特別の定め（地公法35条）により、職務専念義務が免除され、勤務時間内に組合活動ができるとされているものには、概ね、以下のものがあります。

　第1は、適法な団体交渉（予備交渉（同法55条5項後段）で議題その他の事項を取り決めて、それに従って行われる団体交渉）です。これは勤務時間中においても行うことができると定められており（同条8項）、登録団体だけでなく、非登録団体にも適用があります。また、予備交渉も勤務時間中に行うことができます（行実昭41・6・21自治省公務員課決定）。

　第2に、在籍専従です。任命権者の許可を受けて登録団体の専従役員となることができます（Q78参照）。

　第3に、職務専念義務の免除（職免）を受けて行う組合活動です（同法35条）。職務に専念する義務の特例に関する条例（いわゆる「職免条例」）に基づく免除を受けて、勤務時間中に組合活動を行うことができます。

　職免条例では、職務専念義務を免除できる場合として、「任命権者が定める場合」などとして、任命権者の判断に委ねていることが一般です。そ

して、労使間で適法な交渉への参加以外の組合活動について承認する場合を取り決めておき、これに沿った運用がなされていれば、職務専念義務の免除は適法とされています（高槻市事件・大阪地判平22・10・6判例自治344号49頁）。

このほか、登録団体に限らず職員団体等やその上部団体の正規の機関の業務に従事する場合、30日以内の必要最小限の組合休暇を認めることは差し支えないとされています（昭43・10・15自治公一35号行政局長通知）。その範囲は、組合大会、役員会などの正規の会合（行実昭41・6・21公務員課決定）だけでなく、たとえば、大会に先立ち組合員から議案書への意見を聴取する「職場集会」の実施や、組合員への文書を配布する活動などについても、広く認められるべきです。なお、組合休暇の根拠となる条例は、勤務時間条例、職免条例（またはその委任に基づく人事委員会規則）など、自治体によって異なっています。

また、職務専念義務の免除は、その都度、文書でしなければならないということはなく、労使間の取決めや覚書等によってあらかじめ確認をしていれば、免除の対象となる活動に参加している時間について、黙示的に職務専念義務を免除したものと考えて差し支えありません。

3　職務専念義務の免除と給与

地公法55条の2第6項は、「職員は、条例で定める場合を除き、給与を受けながら、職員団体のためその業務を行ない、又は活動してはならない」と定めています。

このため、職員団体のための職員の行為の制限の特例に関する条例（いわゆる「ながら条例」）がなければ、無給の取扱いになります。

有給で行うことのできる組合活動として、ながら条例のモデル条例（昭41・6・21自治公発48号別紙4）では、同法55条8項の適法な交渉があげられていますが、これに限られるものではなく、組合休暇を得て行う組合活動についても条例で定めることは可能です。

ながら条例によって給与支給を受けるためには、職務専念義務の免除とともに任命権者による承認を受けることが必要になります（茅ヶ崎市（違法支出金）事件・最判平10・4・24労判737号7頁）。

（庁舎・敷地内の労働組合活動）

80 昼休みに庁舎敷地内でマイク宣伝をしていると、当局から中止するよういわれました。従わなければならないのでしょうか。

1 組合の宣伝行動の重要性と庁舎管理規則

宣伝活動は、労働組合が自らの主張・見解を非組合員や市民に広く知ってもらうための、重要な組合活動の一つです。とくに、地域住民の生活と権利を守り民主的な地方自治を確立するための活動は、自治体労働組合に期待される本来の役割です。

しかし、多くの自治体では庁舎管理規則を定め、庁舎の美観保持、火災や盗難の予防、秩序の維持などを理由に、ビラ配布などの一定の行為を許可制にしたり、マイク宣伝についても、庁舎管理規則を根拠として規制しようとしてくる場合があります。

2 施設管理権について

最高裁は、民間企業の施設管理権について、企業の物的施設の維持・管理の権限（物的管理権）にとどまらず、企業の敷地内における労働者の行動を広く規制する権限（人的管理権）にまで拡大して、許可のない職員用ロッカーへのビラ貼りは、その利用を許さないことが管理権者の権利濫用といえる特段の事情がない限り、正当な組合活動ではないとしました（国鉄札幌運転区事件・最判昭54・10・30民集33巻6号647頁、労判329号12頁）。

しかし、この考え方は、使用者の企業運営上の権利を企業内組合の団結権、団体行動権に優越させるものとして、強く批判されています。

このような批判を受けて、最高裁は、私立学校の労働組合が団交内容を知らせるビラを二つ折りにして始業前に教員の机の上に置いて配布していた事案について、形式的には施設内でのビラ配布を禁止する就業規則に違反するようにみえる場合でも、その内容、配布の態様等に照らして、その配布が学校内の職場規律を乱すおそれがなく、また生徒に対する教育的配慮に欠けるおそれのない特別の事情が認められるときは、実質的には就業規則違反になるとはいえず、したがって、これを理由とした懲戒処分は許されないとしました（倉田学園事件・最判平6・12・20民集48巻8号1496頁、

労判669号13頁）。同様に（組合活動の事例ではなく、政治活動の事例ですが）、休憩時間中に平穏に政治的ビラの配布をしたこと理由とする懲戒処分を無効とした裁判例もあります（明治乳業事件・最判昭58・11・1労判417号21頁）。

3 敷地内のマイク宣伝

労働組合によるマイク宣伝は、通常、敷地内とはいえ庁舎建物外の通路等で行われます。そこは、職員のみならず、市民の誰もが自由に往来できる場所です。そうだとすれば、そこは公道に準ずる場所であり、抽象的に施設管理権を根拠として規制を加えることは相当ではありません。施設の維持・管理に具体的な支障があり、公務の円滑な遂行が実際に妨げられるような場合に限って規制が許されると解すべきです。そして、マイク宣伝の態様（時間、音量等）が実質的にみて公務の円滑な遂行確保を妨害しない場合、また、宣伝内容が違法不当な行為をあおりそそのかす等の内容を含んでいないような場合には、規制は許されないものと解されます。

とりわけ、始業前や終業後はもちろん、昼休み中は職務に従事している職員は少なく、休憩時間の自由利用原則（労基法34条3項）も踏まえれば、公務の円滑な遂行への支障はなおさら少ないといえます。

また、当然ながら、当局による労働組合活動の規制が団結権を侵害する支配介入の不当労働行為に該当する場合には、許されません（組合の無許可ビラ配布に対する警告が不当労働行為とされたものとして、日本チバガイギー事件・最判平元・1・19労判533号7頁）。

当局がマイク宣伝を規制しようとしてきた場合には、具体的にどのような態様や内容が公務の円滑な遂行を妨害しているのかを明らかにさせるなど、ねばり強く交渉しましょう。

(組合活動と信用失墜行為・守秘義務違反)

81 市の政策批判のビラを配布したところ、当局から「信用失墜行為」、「守秘義務違反」として処分するといわれました。

1 労働者・労働組合の使用者批判の自由

労働者・労働組合は本来的に使用者と対抗関係にある存在です。したがって、労働者・労働組合が賃金引上げを求め、あるいは労働者の権利を守る立場から、使用者を批判するのは当然のことです。とくに自治体の職員団体・労働組合の場合、地域住民の生活と権利を守り民主的な地方自治を確立するために現在の自治体のあり方を批判する活動は、職員団体・労働組合に期待される本来の役割ですから、使用者批判の自由は強く保障されるべきものです。

しかしながら、使用者が、労働者・労働組合の企業批判を問題として懲戒処分などに及ぶことがあることから、これが裁判で争われてきました。そして、多くの裁判例では、使用者に対する批判行為は、①その内容が真実である場合、②それを真実であると信じるについて相当な理由がある場合、③使用者に対する批判行為として正当な批判行為といえる場合には適法とされています(三和銀行事件・大阪地判平12・4・17労判790号44頁など)。

2 ビラ配布と信用失墜行為

自治体においても、職員や自治体労働組合が当局の施策について批判を行う場合に、これを信用失墜行為として非難してくることがあります。

地公法は、「職員は、その職の信用を傷つけ、又は職員の職全体の不名誉となるような行為をしてはならない」(同法33条)と定めています。ここで、「職の信用を傷つけ」とは、職務に関連して非行を行った場合であり、「職全体の不名誉となる行為」とは、職務に関連する非行のみならず、職員の個人的な行為であっても公務に悪い影響、不名誉を与えるような行為が含まれる、とされています。

しかし、自治体の施策を批判することは、自治体労働組合にとって本来的役割ですから、その表現がいたずらに中傷・誹謗に及ぶ場合や、ことさらに事実を誇張・歪曲するものであるような場合でない限り、信用失墜行

為にはあたりません。

香焼町事件・長崎地判平2・11・6労判601号76頁でも、組合員の自殺が労務管理支配体制の強化の線上におこったなどと非難するビラの配布を理由として組合三役らが停職等の懲戒処分を受けた事案について、「（ビラは）ことさら事実を誇張・歪曲した不実のものと断ずべきものではない」、「処分を行うことは、その結果において、反対の立場に立つ者の言論活動自体を抑制することにつながるものというべきであって、民主的な政治体制下において許されることではない」として、信用失墜行為にはあたらないとしています。

3　ビラ配布と守秘義務

また、自治体当局が、労働組合等の批判行為を守秘義務違反として非難してくることがあります。

地公法は、守秘義務に関して、「職員は、職務上知り得た秘密を漏らしてはならない」（同法34条1項）と定めています。秘密とは、一般に了知されていない事実であって、それを了知せしめることが一定の利益の侵害になると客観的に考えられるものとされています（行実昭30・2・18自丁公発23号）。それは、形式的に秘密指定がされているだけでは足りず、「実質的にもそれを秘密として保護するに価するもの」でなければなりません（徴税トラの巻事件・最決昭52・12・19判時873号22頁）。このように、守秘義務違反にあたるかどうかは、職務上知り得たものかどうか、実質的に秘密として保護に値するものかどうかで、判断されることになります。

したがって、ビラに記載した事実がすでに公表されている場合や、自己の職務と関係なくたまたま知った事実を記載した場合は、守秘義務違反の問題は生じません。

一方、職務上知った事実をビラに記載した場合は守秘義務違反となり得ますが、他方で、それが市民の生命・身体・財産等の安全を脅かす問題である場合は、保護に値しない秘密を暴露したにすぎないとして守秘義務違反とはならない場合もあり得ます。ただその判断は微妙ですので、慎重に判断すべきであり、公益通報者保護法に則って通報する方がよいでしょう（Q16参照）。

（団結権侵害への対抗措置）
82 当局による団結権侵害行為に対し、
労働組合・組合員としてどのような対抗措置を
とることができますか。

1 団結権侵害と不当労働行為

労組法は、使用者による団結権侵害行為を不当労働行為として禁止しており（同法7条）、不当労働行為がなされた場合は、労働委員会（労委）に救済申立てをすることができます（同法27条）。また、不当労働行為を行った者は原則として不法行為に基づく損害賠償責任を負いますので、裁判による司法的救済（損害賠償請求）も可能です。

同法7条で禁止される不当労働行為には、①組合員であること、労働組合の活動をしたこと、労委に申立てをしたこと等を理由として、解雇するなど不利益な取扱いをすること（不利益取扱い、同条1号・4号）、②労働組合との団体交渉を正当な理由なく拒否すること（団交拒否、同条2号）、③労働組合の結成や運営を支配したり、またはこれに介入すること（支配介入、同条3号）があります。

このように、同法7条の規定する不当労働行為は憲法28条で保障された団結権を侵害する行為を列挙したものです。そして、地方公務員にも団結権が保障されている以上、使用者たる自治体当局の団結権侵害行為が許されないのは当然です。このことは、労組法が適用されない非現業の職員団体についても妥当します。

では、自治体当局により、団結権侵害行為がなされ、団結権や団体交渉権が侵害された場合、いかなる救済制度が利用できるでしょうか。

2 労働委員会に対する救済申立て

労委に対する救済申立てができるかは、労組法の適用があるかどうかで、異なります。

公企・現業・特定地方独法職員には地公労法が、特別職の非常勤職員（地公法3条3項3号）には労組法が適用されますので、いずれも労委に不当労働行為の救済申立てをすることができます（労組法7条1号事件はもちろん、3号事件についても、労働組合のほか、組合員個人も申立人適格を有す

るとされています。京都市交通局事件・最判平16・7・12労判875号5頁)。団体交渉が行き詰まっているときは、労委のあっせん制度を利用することもできます。

　しかし、非現業の職員については、労組法が適用されませんので(地公法58条1項)、これらの労委制度を利用することはできません。

　もっとも、労組法適用職員と地公法適用職員が混在する、いわゆる混合組合の場合には、労組法適用職員にも関連する事項であれば、労委制度を利用することが可能です(Q83参照)。

3　審査請求・措置要求

　地公法適用の非現業についても、職員団体の構成員であること等を理由とした不利益取扱いは明文で禁止されています(地公法56条)。かかる不利益取扱いの禁止は、労組法7条1号と趣旨を同じくするものであるとされています(昭26・1・10地自乙発3号)。当局によりかかる不利益取扱いがなされた場合、それが不利益処分にあたる場合には、当該職員は人事委・公平委に対し審査請求をすることができます(Q49参照)。

　また、不利益取扱いや支配介入行為が職員の勤務条件に影響する場合には、人事委・公平委に対する措置要求(同法46条)を行うこともできます(Q48参照)。

4　損害賠償請求

　当局による団結権侵害行為があった場合には、裁判所による司法的救済として、国賠法に基づき、自治体を被告として、慰謝料等の損害賠償請求をすることができます。

　公務員の団結権侵害を理由とする国賠請求事件としては、労働組合の反主流派の組合員について昇任差別を認めて慰謝料支払いを命じた秋田県職員昇任差別事件・秋田地判平8・2・23労判696号74頁や、国家公務員に関する事件ですが、支配介入、昇格についての不利益取扱いを認めた全税関横浜事件・最判平13・10・25労判814号34頁があります。

(混合組合)

83 地公法適用職員と非適用職員とで単一の労働組合を結成していますが、労働委員会への申立てはできますか。

1 混合組合とは

　自治体職場では、非現業、公企・現業、特定・一般地方独法職員、臨時・非常勤職員など、異なる法適用を受ける職員が働いています。混合組合とは、地公法が適用される非現業職員と、労組法が適用されるその他の職員の両方が組合員として所属している単一の労働組合のことをいいます。

　労組法は、不当労働行為救済制度をもうけ、使用者が労組法7条の不当労働行為（不利益取扱い、団交拒否、支配介入）を行ったときは、労働者・労働組合は、労委に対して不当労働行為救済申立てを行うことができるとしています（同法27条、Q82参照）。

　他方、地公法は、非現業について労組法の適用を排除しているため（地公法58条1項）、職員団体は不当労働行為救済制度を利用できません。

　そこで、地公法が適用される職員と労組法が適用される職員の双方が加盟する混合組合が労委に不当労働行為救済申立てができるかが問題になります。

2 混合組合の労委への申立人適格

　混合組合の労委への申立人適格について、かつては、労委でも裁判所でも、労組法適用の組合員が少数の混合組合の場合には、団体交渉拒否（労組法7条2号）や支配介入（同条3号）に関しては、混合組合は申立人適格を有しないとする見解（単一性格説）と、構成員の量的割合にかかわりなく申立人適格を有するとする見解（複合性格説）に分かれていました。

　しかし、最近では、大阪府教委（大阪教育合同労組）事件・東京地判平25・10・21労判1083号5頁、東京高判平26・3・18労判1123号159頁（最高裁で上告不受理）、同・大阪地判平26・7・23労判1102号85頁、大阪高判平27・1・29労判1114号161頁において、労組法が適用される労働者が少数の混合組合についても、不当労働行為救済の申立人適格を肯定する判決が立て続けにだされました。

これらの裁判例では、混合組合は、労組法適用者については労組法上の労働組合として、地公法適用者については地公法上の職員団体としての複合的性格をもっている（複合性格説）ので、「労組法適用組合員に関する問題については、労働組合として、労組法上の権利を行使することができる」とされています。そして、地公法適用組合員と労組法適用組合員のいずれが主たる地位を占めているかによって地公法または労組法のいずれかの権利を行使することができなくなれば、権利を行使することができない組合員の保護に欠けることとなる等の理由が示されています。

　従前、労組法適用職員が少数の混合組合の同法7条2号・3号の申立人適格を否定していた大阪高判平14・1・22労判828号73頁等の裁判例もありましたが、これらはもはや実質的に否定されたといえます。

　このように、労組法適用組合員の数にかかわらず、また同法7条1〜4号の別にかかわらず、混合組合は不当労働行為について労委に救済申立てができることが明確になりました。これは全国の自治体において、同一の職場で働く労働者が、身分の違いを超えて団結することを可能とするものであり、積極的に活用すべきです。

3　構成員をめぐる問題

　このほか、職員団体の登録をめぐる問題もあります。

　本来、労働組合は労働条件の維持改善を目的とする自主的団体であり、組合員の範囲についても、労働組合自身が自由に決定できるはずですが、地公法は、職員団体の登録の要件として、当該職員団体が同一の自治体に属する「職員」（非現業）のみをもって構成されなければならないとしています（Q65参照）。この結果、非現業以外の職員を組織すれば、登録の取消しという問題に直面します。しかし、これを厳格に解するのは、非現業の団結権を著しく制約するものであり、不当というべきです。

　なお、現業については、労働組合に加入することも、職員団体に加入することもできますので、非現業と現業の双方が加入する労働組合については、職員団体登録を行うことができます（地公労法附則5条）。

◎コラム
自治体アウトソーシングと労働組合

　民間委託、指定管理者、PFI、独法化などの手法を駆使して、国をあげて進められている自治体アウトソーシング（民間化）。これが行われるとき、その職場で働いていた自治体職員には、配置転換（**Q21**、**Q22** 参照）、身分変更に伴う労働条件の不利益変更（**Q28** 参照）、分限免職（**Q11** 参照）や雇止め（**Q86** 参照）など、身分や労働条件への重大な影響が及びます。そこで、労働組合としては、職員の雇用や生活を守るため、当局と団体交渉を行い、できる限り労働条件が不利益にならない形での配置転換や受託企業へ移籍させる道を模索することになります。この交渉を当局が「管理運営事項」として拒否することは許されません（**Q70** 参照）。

　しかし、労働組合が自治体アウトソーシングに異議申立てをするのは、なにも労働者の権利だけが理由ではありません。医療や水道、保育等、自治体の行政サービスは、国民の生存権（憲法25条）を保障するものとして、どのような状況の住民であっても、公平に受けられるべきものです。その行政サービスがアウトソーシングされ、企業の利潤追求の場とされると、その担い手が不安定かつ低賃金の非正規労働者に置き換えられ、サービスの質が低下します。アウトソーシングされた市民プールや保育の現場では、住民の命を奪う事故まで起きています。これは住民福祉を仕事の誇りとしている自治体職員やその労働組合にとって、座視できない問題です。

　自治体のアウトソーシングが良いことなのか、サービスを受ける住民と、サービスの担い手になる職員や労働組合が率直に意見交換し、自治体当局や議会に対して、安易なアウトソーシングを踏みとどまるよう求めていく必要があります。

第11部

臨時・非常勤職員

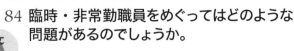

（臨時・非常勤をめぐる課題）
84 臨時・非常勤職員をめぐってはどのような問題があるのでしょうか。

1　自治体における臨時・非常勤職員

　自治体においては、多数の臨時・非常勤職員が働いています。臨時・非常勤職員が働いている職種は、事務補助職員、看護師、保育士、教員・講師、給食調理員、清掃作業員、消費生活相談員など、広汎にわたっており、多くの場合、正規職員が従事する業務と同種の本格的な業務に就いています。総務省「臨時・非常勤職員に関する調査結果について」（平25・3・29）によれば、2012（平成22）年4月1日現在、臨時・非常勤職員の総数は60万3582人とされています。それは自治体で働く職員全体の3割以上を占めており（自治体によっては5割を超えるところもあります）、しかも、年々増加傾向にあります。

2　法の建前と実態のかい離

　ところで、地公法は、本来、自治体の業務は正規職員によってまかなうことを基本としています。これに対し、臨時・非常勤職員は、本来、臨時的な職務に就くことを予定しています。

　臨時・非常勤職員をはじめ、いわゆる非正規公務員にはさまざまな類型がありますが（Q85参照）、このうち、①地公法22条2項または5項に基づく臨時職員の任用期間は6カ月を超えないものとされ、更新も1回のみとされています。これに対し、②地公法3条3項3号に基づく特別職非常勤職員、③同法17条に基づく一般職非常勤職員については、任用期間について法律の定めはありませんが、通常、1年以内とされています。③について、最高裁は、このような任期付任用はそれを必要とする特段の事由があり、かつ、職員の身分保障の趣旨に反しない場合は限定的に許されると判示しましたが（東郷小学校事件・最判昭和38・4・2民集17巻3号435頁）、総務省は、現実の必要から、一貫してこれを広く認めており、現在に至っています。

　このように、法の趣旨は臨時的・補助的就労を予定しているのに、何度

も更新を繰り返して長期にわたって働き、しかも本格的な業務を担っている臨時・非常勤職員が多数存在します。これは法の建前と実態がかけ離れている（かい離）ということです。

3　臨時・非常勤職員をめぐる二大問題

このことから、臨時・非常勤職員の雇用と労働条件をめぐって大きな矛盾が生じています。それは、第1に雇用の不安定さであり、第2に、処遇の劣悪さ、正規職員との著しい格差です。

第1の雇用の不安定さとは、臨時・非常勤職員の雇用期間が1年とか6カ月などとされており、いつ雇止めされるかわからない立場に置かれているということです。民間の有期雇用労働者であれば、実質的に無期限といえる場合、または、雇用継続に合理的期待があると認められる場合には、雇止めは制限されます（労契法19条）。ところが、臨時・非常勤職員の場合、何度も更新して長期にわたって働いていたとしても、裁判所は、公務員の身分は労働契約ではなく任用という行政処分によるものであって、労働契約に関する考え方はとれないとして、その救済を否定しています（Q86参照）。したがって、臨時・非常勤職員の雇止めは非常に解決が困難なものとなっています。

第2の処遇の劣悪さ、正規職員との著しい格差とは、臨時・非常勤職員の多くが、正規職員と同一ないし類似の業務に従事しながらも、給与・手当等について著しい格差が存在するということです。これは、毎月の給与（報酬）だけでなく、昇給制度がなかったり、諸手当（一時金にあたる期末手当・勤勉手当、退職金にあたる退職手当を含む）が支給されないことによるものです。上記の総務省の調査によれば、たとえば、都道府県の「事務補助職員」の報酬の基本額平均（時給）は、特別職非常勤が1097円、一般職非常勤が951円、臨時職員が854円でした（2012（平成24）年4月1日時点。ここでは、「事務補助職員」といいながら、本格的業務を担っている場合も含まれることに注意してください）。しかも、身分の不安定さが、処遇改善を求めて臨時・非常勤職員が自治体当局に要求していくことすら、困難なものとしています。

このように、不安定な雇用状況と、その労働条件をいかに改善していくかが大きな課題です。

(臨時・非常勤職員の法適用)

Q85 臨時・非常勤職員に対する法令の適用はどうなっていますか。

1 臨時・非常勤職員の類型

一般に、臨時・非常勤職員といわれるのは、①臨時職員（地公法22条2項、5項）、②特別職非常勤職員（同法3条3項3号）、③一般職非常勤職員（同法17条）の三つですが、それ以外にも、いわゆる正規職員以外のものとして、定年後再任用や個別法で認められているものがあり、表「非正規地方公務員の類型」（次頁）の通りとなっています。

なお、①臨時職員、③一般職非常勤職員には原則として地公法が適用されますので、職員団体に加入することができます。③特別職非常勤職員には地公法が適用されず、一般の労働組合に加入することができます（Q91参照）。

2 給与についての規制

自治法は、「常勤の職員」には「給料及び旅費」（204条1項）のほか「手当」を支給できると定め（同条2項）、「非常勤の職員」は「報酬」（同法203条の2第1項）のほか「費用弁償」を受けることができると定め（同条3項）、いずれも「額」と「支払方法」は条例で定めるとしています。これは、一般職・特別職にかかわりなく適用されます。しかし、臨時・非常勤職員といっても、常勤的に働いていることもあり、このような場合、諸手当の支給の可否が問題となります（Q88参照）。

他方、公企・現業については、常勤・非常勤を区別せずに、「給料及び手当」を支給するとされ（地公企法38条、地公労法附則5項）、条例では「給与の種類及び基準」のみを定め、具体的な額や支払方法は企業管理規程等で定めることになっています。

いずれも、給与条例等では「任命権者が別に定める」として、具体的には規則や要綱で定めていることが多く、その内容も正規職員とは大きな格差があります。

表　非正規地方公務員の類型

職区分	採用類型	任用の種類	任　期	勤務形態	職務・その他
一般職	臨時	地公法22条2項、5項	期間6月で更新1回	常勤	①緊急の場合、②臨時の職に関する場合、③人事委を置く自治体において任用候補者名簿がない場合。常勤が原則
				非常勤	
		地公育休法6条1項2号	1年以内	常勤	育児休業を請求した職員の業務
	非常勤	地公法17条	期間を定めるときは労基法14条1項より原則として3年以内（通例1年以内）	常勤	法律の定めはない。
				非常勤	
	任期付	地公任期付研究員法4条	期間5年以内と7年（10年）以内	常勤	高度の専門的な知識経験を必要とする研究業務
		地公任期付職員法3条	期間5年以内	常勤	高度の専門的な知識経験または優れた識見を一定の期間活用して遂行することがとくに必要とされる業務
		地公任期付職員法4条	期間3年（5年）以内	常勤	①一定期間内に業務終了が見込まれる場合、②一定の期間に限り業務量増加が見込まれる場合
		地公任期付職員法5条	期間3年（5年）以内	短時間	上記①、②の場合、③対住民サービスを充実させる場合、④部分休業等した職員に代替する場合
		地公育休法6条1項1号	代替される育児休業取得者の請求期間	常勤	育児休業を請求した職員の業務
	再任用	地公法28条の4	期間1年。原則、65歳まで更新可	常勤	本格的かつ恒常的業務
		地公法28条の5		短時間	
特別職		地公法3条3項3号	期間を定めるときは労基法14条1項より原則として3年以内（通例1年以内）	非常勤	専門的、非専務職を想定

(雇止め)

86 非常勤職員として1年間の任用を更新して何年も働いてきたのに、今回、更新を拒否されました。こんなことが許されるのですか。

1 非正規公務員の雇止め

民間の有期雇用の雇止めについては、①労働契約が過去に反復更新されており、無期雇用の場合の解雇と社会通念上同視できる場合、あるいは、②労働契約が更新されると期待することに合理的理由がある場合には、雇止めが客観的に合理的な理由を欠き、社会通念上相当と認められないときは、無効とされ、従前と同じ労働条件による労働契約が成立しているものとされます(労契法19条)。

ところが、公務員には労契法は適用されず(同法22条1項)、判例も、任用は任命権者による行政行為であるなどとして、非正規公務員への雇止め法理(解雇権濫用法理)の適用を否定しています。たとえば、大阪大学事件・最判平6・7・14労判655号14頁は、国立大学附属図書館の日々雇用職員について「任用予定期間が満了したことによって当然に退職したもの」として、民間の雇止め法理の適用を否定しました。

しかし、臨時・非常勤職員が自治体の業務で担う役割の大きさを考えると、多くの臨時・非常勤職員がこうした不安定な立場で就労し続けることが不条理なのは明らかです。最高裁の考え方は公法と私法とを厳格に峻別する立場に基づくものですが、これに対しては学説も批判的です。

裁判例の中には、臨時・非常勤職員を雇止めから救済しようとする例もあります。岡山中央郵便局事件・岡山地判平14・10・15労旬1552号38頁は、解雇権濫用法理の類推適用の余地があるとしました。情報・システム研究機構(国情研)事件・東京地判平18・3・24労判915号76頁は、権利濫用ないし信義則の法理から再任用拒否を違法・無効としました(ただし、控訴審である東京高判平18・12・13労判931号38頁はこれを否定し、最高裁で確定)。

また、行政訴訟の義務付けの訴えで非常勤職員の地位確認を求める試みもありますが、重大な損害、裁量権の逸脱・濫用などの義務付けの要件を満たさないとして敗訴しています(武蔵野市事件・東京地判平23・11・9判

例秘書、東京高判平24・7・4判例集未登載)。

2 損害賠償について

大阪大学事件最判は、「任命権者が、日々雇用職員に対して、任用予定期間満了後も任用を続けることを確約ないし保障するなど、右期間満了後も任用が継続されると期待することが無理からぬものとみられる行為をしたというような特別の事情がある場合には、職員がそのような誤った期待を抱いたことによる損害につき、国家賠償法に基づく賠償を認める余地があり得る」としました。

中野区事件・東京高判平19・11・28労判951号47頁は、特別職の非常勤職員であった保育士について、期待権侵害への慰謝料として1年分の給与相当額の損害賠償を認めました(同事件ではその後原告は保育士に復職することもできました)。また、東京都事件・東京地判平26・3・6判時2249号94頁は、定年後再任用が3期目で打ち切られた事案ですが、一般に高い比率で再任用されている実態や、採用試験はなく2期目からは所属長の面接のみだったこと、当該職員の成績評価が良好とされていたことから、期待権侵害を認めています(控訴審東京高判平26・10・30判例自治402号20頁も同旨)。

3 不当労働行為の救済

特別職非常勤職員の雇止めが不当労働行為意思に基づくものといえる場合、労委に不当労働行為救済申立てをしてたたかう方法もあります。北九州市病院局事件・中労委平19・6・20別冊中労委時報1356号24頁は、非常勤嘱託職員の雇止めを労組法7条1号の不利益取扱いとして原状回復を命ずる可能性を認めています。

このほか、非常勤職員の任用更新は管理運営事項だとしても労働条件にかかわる事項として団交事項にも該当し得るという労委命令や裁判例が積み重ねられており、団体交渉やその拒否に対する不当労働行為救済申立てを通じた解決も各地で模索されています(城陽市(学童保育指導員)事件・中労委平27・3・18労判1112号91頁、大阪府(非常勤講師)事件・大阪府労委平25・9・11労判1080号94頁など)。

(賃金格差)

87 長年、非常勤職員として働いていますが、正規職員との大きな格差は是正できないのでしょうか。

1 格差是正のための法理

　民間でも正社員と非正規社員との処遇の格差が大きな問題となっていますが、自治体の正規職員と臨時・非常勤職員との処遇の格差には著しいものがあります。「官製ワーキングプア」と呼ばれているゆえんであり、その格差是正は、法の下の平等（憲法14条）の趣旨からも、重要な課題です。

　この点に関連して、短時間労働者の雇用管理の改善等に関する法律（パート労働法）8条は、短時間労働者と通常労働者との待遇の相違は、①業務の内容および責任の程度（職務の内容）、②職務の内容および配置の変更の範囲、③その他の事情を考慮して「不合理と認められるものであってはならない」としています（ニヤクコーポレーション事件・大分地判平25・12・10労判1090号44頁は、差別的取扱いを禁じた同法9条（当時は8条）違反の待遇を不法行為として差額賃金相当額の損害賠償の支払いを命じました）。また、労契法は、有期契約労働者の労働条件について、これと同様の規定を置いています（同法20条）。これらは、地方公務員には適用がありませんが（パート労働法29条、労契法22条1項）、それは勤務条件条例主義のもと、これらの趣旨は各自治体において実現すべきものとされた結果であって、自治体における差別的取扱いが許されるわけではありません。

　丸子警報器事件・長野地上田支判平8・3・15労判690号32頁は、「労働基準法3条、4条のような差別禁止規定は、直接的には社会的身分や性による差別を禁止しているものではあるが、その根底には、およそ人はその労働に対し、等しく報われなければならないという均等待遇の理念が存在していると解される。それは言わば、人格の価値を平等と見る市民法の普遍的な原理と考えるべきものである」、「同一（価値）労働同一賃金の原則の基礎にある均等待遇の理念は、賃金格差の違法性判断において、ひとつの重要な判断要素として考慮されるべきものであって、その理念に反する賃金格差は、使用者に許された裁量の範囲を逸脱したものとして、公序良

俗違反の違法を招来する場合がある」として、臨時社員の賃金が同一労働に従事する同じ勤務年数の正社員の8割以下となるときは違法となるとしました。地公法は、労基法3条、4条の適用を排除していません。丸子警報器事件判決の趣旨は臨時・非常勤職員の給与・報酬の定めにあっても生かされるべきです。

2　格差是正の取組み

　臨時・非常勤職員の賃金は、多くの自治体では、正規職員と切り離した形で、条例、規則などで定められ、日額、時間給で統一単価によって支給されるのが一般的です。

　しかし、臨時・非常勤職員も、日々の職務遂行を通じて経験を積み重ね、能力を蓄積しているのですから、職務経験加算が制度化されるべきです。この点、人事院事務総長発「一般職の職員の給与に関する法律第22条第2項の非常勤職員に対する給与について」（平20・8・26給実甲1064号）では、賃金決定にあたって職務経験を考慮すべきとしています。また、自治体の臨時・非常勤職員についても、総務大臣は、職務経験の加味をするかどうかはそれぞれの自治体で判断してもらってかまわないという国会答弁をしています（平21・5・26衆議院総務委員会）。

　通勤手当については、総務省は、「非常勤職員に対する通勤費用相当分の費用弁償の支給に関する問答集の送付について」（平8・3・13自治給16号）において、自治体に費用弁償として支給できるとしています。通勤費は、非課税所得なので、基本報酬とは別枠で支給するような形式の実現も大切です。

　期末手当、退職手当については、常勤的に働く臨時・非常勤職員への支給は適法とされており、より多くの自治体で条例による制度化が求められます（**Q88**参照）。

　地域手当、住居手当、扶養手当、寒冷地手当、特殊勤務手当といった各種手当は、ほとんどの場合、臨時・非常勤職員には支給されていません。しかし、地域手当は地域の民間賃金の水準や物価を考慮して支給されるものであり、住居手当や扶養手当などの生活関連手当も、臨時・非常勤職員も生計の維持のために働いていることに変わりがないので、いずれも臨時・非常勤職員に支給されるべきです。

(手当)
88 臨時・非常勤職員への期末・退職一時金支給は違法との意見もありますが、正しいのでしょうか。

1 「常勤」「非常勤」の区別

自治法は、「非常勤の職員」について、「報酬を支給しなければならない」（203条の2第1項）、「職務を行うため要する費用の弁償を受けることができる」（同条3項）と定めています。他方で、「常勤の職員」については、「給料及び旅費を支給しなければならない」（同法204条1項）、「期末手当、勤勉手当……又は退職手当を支給することができる」（同条2項）と定めています。

この条文上は期末手当等や退職手当の支給対象は常勤職員のみと読めます。しかし、これは、「常勤の職員」が職業的に公務に従事し、そこで得られる給与で生計を維持しているので、生活保障のため手当を支給できるとしたものです。

この趣旨からからすれば、非常勤職員であっても、勤務実態が常勤職員と変わることなく、職業的に公務に従事し、その収入によって生計を維持している者であれば、自治法204条1項の「常勤の職員」にあたり、諸手当の支給は許されるというべきです。

この点、茨木市事件・最判平22・9・10民集64巻6号1515頁、判時2096号3頁は、臨時的任用であっても、その勤務が通常の勤務形態の正規職員に準ずるものとして常勤と評価できるなど一定の要件を満たす場合には、期末手当の支給が許されるとしました。また、枚方市事件・大阪高判平22・9・17労旬1738号50頁は、「常勤の職員」とは、「地方公務員としての勤務に要する時間が普通の労働者の労働時間と同程度であり、かつ、その者の生活における収入の相当程度を地方公務員としての勤務による収入に依存する職員をいう」として、常勤的に働く非常勤職員に対する期末・退職一時金の支給を適法としました。なお、同判決は、人規15-15が非常勤職員の勤務時間を常勤職員の1週あたりの勤務時間の4分の3を超えない範囲としていることを指摘して、常勤職員の勤務時間の4分の3を上回っ

ていることを一つの要素にしています。

このように、常勤職員と大きく変わらない勤務形態で働く臨時・非常勤職員（いわゆる常勤的臨時・非常勤職員）に対する、期末・退職一時金をはじめとする諸手当の支給は適法です。臨時・非常勤職員の劣悪な処遇を改善するためにも、常勤的臨時・非常勤職員に対しては、諸手当が支給されるべきです。

2　給与条例主義

地公法は勤務条件条例主義を定め（地公法24条5項）、自治法は「給料、手当及び旅費の額並びにその支給方法は、条例でこれを定めなければならない」（自治法204条3項）としています。したがって、臨時・非常勤職員に諸手当を支給するためには、支給の額や方法を条例で定めておく必要があります（給与条例主義）。

ただ、給与条例主義といっても、条例で基本的事項（金額の上限や計算方法）が定められていれば、細目を規則に委ねることは許されると解されています。茨木市事件最判でも、自治体の常設的な事務に従事する場合は、「その職に応じた給与の額等またはその上限等の基本的事項が条例に定められているべき」としましたが、これは、「上限等の基本的事項」が条例に定められていれば、細目は規則に委任しても差し支えないということです。枚方市事件大阪高判では、「具体的基準及び具体的数値が条例自体に定められていなくても、条例において、給与の額及び支給方法についての基本的事項が規定されて」いればよいとしています。

3　特別職の退職手当請求

退職手当条例の支給要件が「常勤職員について定められている勤務時間以上勤務すること」などとされていたことから、長年常勤的に勤務した後退職した特別職非常勤職員が退職手当を請求した事件があります。

これについて、最高裁は、自治体が地公法3条3項3号の特別職として採用し、それを前提とする人事上の取扱いをしていたものであるから、当該職員は特別職であり、退職手当条例は一般職を対象とするものであるから、それは特別職には適用されないとして、請求を否定しました（中津市事件・最判平27・11・17判例集未登載）。

89 当局が、非常勤職員は何年働いても年次有給休暇は10日しか付与できない、育児休業、介護休暇もないというのですが、正しいのでしょうか。

1　年次有給休暇

　臨時・非常勤職員にも、年次有給休暇（年休）は権利として保障されています。年休は、6カ月間継続して勤務し、全労働日の8割以上出勤した労働者に対して、継続勤務期間に応じて与えられます（労基法39条）。週の所定労働日数が少ない場合には、比例的な付与が定められています（労基則24条の3第3項。正規職員についてはQ35参照）。

　ところで、臨時・非常勤職員の場合、当局が各年度の任用を別々のものと考えたり、場合によっては更新時に空白期間をもうけたりして、「継続勤務」ではないと主張することがあります。

　しかしながら、継続勤務といえるかどうかは実質的に判断すべきとされています（昭63・3・14基発150号）。たとえば、国家公務員の非常勤職員に関してですが、「その雇用形態が社会通念上中断されていないと認められる場合の勤務をいう」とされています（平6・7・27職職329号「人事院規則15-15（非常勤職員の勤務時間及び休暇）の運用について」）。

　また、雇用契約間に短い中断期間があっても継続勤務といえます（日本中央競馬会事件・東京高判平11・9・30労判780号80頁など）。

　したがって、非常勤職員が1年雇用（任用）であっても、それが更新された場合、継続勤務の期間は通算で計算されますし、更新の間に短時間の間隔を置いていても継続勤務に該当しますから、何年働いても年次有給休暇が10日などということはあり得ません。

2　育児休業

　育児休業について、地方公務員の育児休業等に関する法律（地公育休法）が2010（平成22）年に改正され（2011（平成23）年4月施行）、一般職非常勤職員にも育児休業が認められるようになりました（同法2条1項。正規職員についてはQ38参照）。

　育児休業が認められる非常勤職員の要件は条例で定められますが、国家

公務員育休法3条、人規19-0などでは、①任命権者を同じくする官職に引き続き在職した期間が1年以上であること、②子の1歳誕生日以降も引き続き在職が見込まれること、③1週間の勤務日が3日以上であることとされており、各自治体でも同様の要件が定められています。

以上の要件を満たせば、非常勤職員であっても子の出生日から1歳6カ月に達する日までの条例で定める日まで育児休業を取得することができます（地公育休法2条1項）。

また、公務の運営に支障がないと認められるときは、条例の定めるところにより、子の3歳の誕生日の前日まで2時間を超えない範囲内の部分休業を取得することもできます（同法19条）。

これに対し、臨時職員、特別職非常勤は、地公育休法が適用除外とされています（同法1条、2条1項）。しかし、実態として継続勤務すると見込まれる場合は、これらの規定は準用されるべきです。

3　介護休暇

介護休暇に関しては、地方公務員の場合、準則に基づき、各自治体の条例で定められますが、ここには臨時・非常勤職員は含まれていません（正規職員についてはQ39参照）。

しかし、育介法が、2009（平成21）年に改正され、（同法は公務員を原則として適用除外としているにもかかわらず）臨時職員・一般職非常勤のうち、①引き続き雇用された期間が1年以上であること、②介護休暇を取得する日から93日を経過する日の翌日以降も引き続き在職することが見込まれること、という要件を満たす者については、介護休暇が認められることになりました（同法61条6項、11条）。この「引き続き雇用された期間」についても、年休取得要件の継続勤務と同様に、実態に即して広く認められるべきです。

また、特別職非常勤についても、実態として常勤といえる場合にはこれに含まれると解すべきです。

(社会保険加入)

90 当局が非常勤職員の社会保険加入手続をしてくれません。違法ではないでしょうか。

1 社会保険加入の要件

社会保険とは、健康保険と厚生年金、雇用保険のことをいいます。

正規職員は、地公法43条に基づく共済制度として作られている共済(地方公務員等共済組合法(地公共済法)による)に加入しているため、社会保険の適用がありません。なお、2015(平成27)年10月から、公務員および私学教職員も厚生年金制度に加入することとなり、共済年金は厚生年金に統一されましたが、制度の趣旨に変更はありません(地公共済法145条)。

ところで、非常勤職員も共済に加入できれば問題ないのですが、非常勤職員が共済に加入できる要件としては、「その勤務形態が常時勤務に服することを要する地方公務員に準ずる者で政令で定めるもの」とされており(同法2条1項)、政令(同施行令2条5)では、継続勤務の期間を12カ月超とするなどの要件を定めているため、非常勤職員が共済保険に加入できない状況を生んでいます。

本来、健康保険と厚生年金の加入要件は、「1日又は1週間の労働時間、1か月の労働日数が常勤職員のおおむね4分の3以上」です(厚生年金保険法6条、9条に短時間労働者が適用除外とされていないこと、および、適用対象を「週30時間以上就労」とする、厚生省保険局保険課長外連名の都道府県民生主管部(局)保険課(部)長宛て「内かん」(昭55・6・6)による)。このことからすれば、政令は法の趣旨に反しているといえます。

なお、厚生年金の加入資格については、2016(平成28)年10月より、「常勤職員のおおむね4分の3以上」から「週20時間以上」へと緩和されますので(2012(平成24)年改正厚生年金保険法12条)、多くの非常勤職員が加入要件を満たすことになります。

また、雇用保険については、「1週間の所定労働時間が20時間以上であること」と「31日以上引き続き雇用されることが見込まれること」が加入要件です(雇用保険法6条)。この要件を満たしている場合には、使用者は

雇用保険加入を義務付けられています。

2 社会保険加入懈怠への対処

　社会保険の加入手続がなされているかどうかは、健康保険、厚生年金については日本年金機構に対し、雇用保険については公共職業安定所に対し確認請求をすることができます（健康保険法51条、厚生年金保険法31条、雇用保険法8条）。

　社会保険は強制加入であり、加入資格を満たしている非常勤職員を社会保険に加入させる手続をとるのは、使用者たる自治体当局の義務です。

　社会保険への加入要件を満たしているのに、未加入であれば、当局に対し、加入手続をとるように働きかけましょう。この場合、労働組合を通じて交渉することも考えられるでしょう。

　また、この自治体当局の義務は、公法上の義務ではありますが、同時に、労働者（非常勤職員）に対する私法上の義務でもあります。よって、自治体が加入手続義務を怠り、非常勤職員が損害を受けた場合には、自治体は当該職員に対し、損害賠償責任を負うことになります。

　京都市事件・京都地判平11・9・30判時1715号51頁は、社会保険の強制加入制度は労働者に保険給付を受ける権利をもれなく付与することも目的であるから、事業主による「被保険者資格の取得の届出義務違反行為は、当該労働者との関係でも、違法との評価を免れない」として、嘱託員が厚生年金の受給権を取得できなかったことにつき市の賠償責任を認めました。鹿瀬町事件・新潟地判平17・2・15判例自治265号48頁も、町が臨時職員の社会保険加入を怠ったことを理由とする損害賠償請求を認めています。

(臨時・非常勤職員の組織形態)
Q91 臨時・非常勤職員が労働組合を結成するのにはどのような形態がありますか。

1 特別職と一般職の違い

臨時・非常勤職員が労働組合を結成、あるいは加入しようとした場合、その法的立場によって労働組合に関する法的な取扱いも異なりますので、まず、その点を確認するところから始める必要があります。

特別職非常勤職員（地公法3条3項3号）は、地公法が適用除外とされ（同法4条2項）、労組法が適用されます。労働基本権の制約はありませんので、労働組合を結成したり、既存の労働組合に加入することができます。

これに対し、一般職非常勤職員（地公法17条）や、臨時職員（同法22条2項、5項）は、非現業であれば、地公法が適用され、労組法の適用除外とされるので（同法58条1項）、職員団体を結成・加入することになり、公企・現業であれば、地公労法が適用されるので（地公労法附則5項）、労働組合を結成・加入することができます。なお、現業については職員団体の規定も適用されるので（地公労法附則5項で、地公企法39条1項による地公法32条～36条の適用除外を準用しないとしています）、労働組合・職員団体のいずれも選択することができます。

そこで、臨時・非常勤職員の団結形態としては、おおむね、①正規職員の職員団体への加入、②特別職非常勤職員の労働組合、③臨時職員・一般職非常勤職員の職員団体、④外郭団体などの関連労働者の労働組合や地域合同労組への加入の4形態が考えられます。

団結権侵害・不当労働行為への対抗措置はQ82を参照してください。

2 職員団体における組織化の問題

地公法53条4項は、職員団体が同一の地方公共団体に属する警察職員、消防署職員以外の職員のみをもって組織されていることを登録の要件としています。そこで、地公法の適用されない特別職非常勤職員を職員団体に加入させると、登録要件を欠くとされることがあります（一般職非常勤職員、臨時職員には地公法が適用されますので、職員団体に加入することに問題

はありません)。

　本来、職員団体も憲法上の労働組合であり、その組織範囲は当該組合が自主的に判断すべき事柄です。したがって、その加入資格を法律で厳格に制限することは憲法28条に違反する疑いがあります。しかし、このことを理由に人事委・公平委から、登録が取り消されるおそれもあります。

　そこで、近年では、公企・現業の場合と同様、特別職非常勤についても、法適用を同じくする職員だけで独立した労働組合を結成し、地公法適用職員によって組織された職員団体(登録団体)とともに連合体を結成するという組織形態も増えています。

3　混合組合と労委申立適格

　地公法の適用されない特別職非常勤職員あるいは公企・現業の労働者が、自ら労働組合を結成することに困難があるなどの理由で、職員団体に加入したり、反対に、地公法適用職員が職員団体に加入せずに民間労働者で結成した地域合同労組などに加入したりする場合があります。このように法適用の異なる職員が一つの労働組合を結成している場合を、混合組合といいます。

　ところで、労働委員会制度は労組法適用組合を対象としていることから、混合組合が労委への申立適格を有するかが大きな問題となります。これについては、裁判例も分かれていましたが、現在の裁判例の大勢は肯定説です。たとえば、大阪府教委(大阪教育合同労組)事件・東京高判平26・3・18労判1123号159頁は、「混合組合については構成される組合員に対して適用される法律の区別に従い、地公法上の職員団体及び労組法上の労働組合としての複合的な法的性格を有すると解するのが相当」として、労組法適用職員の雇用や労働条件について不当労働行為の救済申立適格を認めています(最高裁も支持。Q83参照)。

(労働者性)

Q&A 92 自治体から委託を受ける形で働いていますが、地公法や労働関係の法令は適用されないのでしょうか。

1 労働法の解釈は実態に基づく

　水道検針員や学童保育指導員などが、「個人事業主」として、自治体から委託を受ける形で就労していることがあります。それは、労働法の適用を免れる目的によるものです。

　しかし、契約形式は経済的に有利な立場にあるもの（使用者）が選択するものですから、形式を取り繕うことで自由に労働法の適用を免れるとすれば不都合を生じます。そこで、労働法では、契約の形式にとらわれず、実態をみて、労働者といえるか否かを判断します。

2 労基法上の労働者

　一般に、解雇規制、最低賃金、時間外割増賃金、労災などの適用の有無は「労基法上の労働者」といえるかの問題です（解雇規制のうち解雇権濫用法理は労契法16条、雇止め法理は同法19条などですが、「労契法上の労働者」（労契法2条1項）は、通常、労基法上の労働者と同じと解されています。また、最賃法、労災保険法上の労働者も労基法上の労働者と同じと解されています）。

　この点、労基法9条は、「労働者」とは「職業の種類を問わず、事業又は事務所に使用される者で、賃金を支払われる者」としています。労働基準法研究会（労基研）報告「労働基準法の『労働者』の判断基準について」（昭60・12・19労判465号69頁）は、「労基法上の労働者」性は「使用従属性」により判断されるとし、その判断要素として、①仕事の諾否の自由、②業務遂行上の指揮監督、③時間的・場所的拘束性、④労務提供の代替性、⑤報酬の労働対償性、さらに、⑥事業者性の有無、⑦専属性の程度などをあげています。

　裁判例としては、ガス集金人（日本瓦斯事件・鹿児島地判昭48・8・8労判189号77頁）、電力会社検針員（九州電力事件・福岡地小倉支判昭50・2・25労判223号34頁）について、労働者性が認められています。

　なお、労働契約ではありませんが契約解除を無効としたものとして、日

本相撲協会（力士登録抹消等）事件・東京地決平23・2・25労判1029号86頁、同じく、労働契約ではありませんが、長期的な契約関係を「相手方に不利な時期に」終了させた（民法651条2項）として損害賠償を命じた、東京都知的障害者育成会事件・東京地判平26・9・19労判1108号82頁も参考になります。

3　労組法上の労働者

　就労者が労働組合を結成して使用者に団体交渉を要求したり、使用者の不当労働行為から救済されるかが「労組法上の労働者」性の問題です。

　労組法3条は、「労働者」とは「職業の種類を問わず、賃金、給料その他これに準ずる収入によって生活する者」としており、その範囲は「労基法上の労働者」よりも広いものと解されています。その判断基準について最高裁は、①事業組織への組み入れ、②契約内容の会社による一方的決定、③基本的に会社による業務依頼に応ずべき関係、④報酬が労務の対価としての性質を有すること、⑤指揮監督の下での労務提供、時間的場所的拘束の5事情をあげました（新国立劇場運営財団事件・最判平23・4・12労判1026号6頁、INAXメンテナンス事件・最判平23・4・12労判同号27頁）。

　なお、その労務提供者が独立した事業者としての実態を備えているといえる特段の事情があれば別ですが、業務に必要な自動車を保有したり、確定申告をしていることは否定要素とはならないとされています（ビクターサービスエンジニアリング事件・最判平24・2・21労判1043号5頁）。その後、コンビニ店主（ファミリーマート事件・東京都労委平27・3・17労判1117号94頁）も労組法上の労働者とされています。

　自治体では、学童保育指導員（堺市教育委員会事件・大阪地労委昭58・12・6中労委データベース）について認めた例がありましたが、新国立劇場運営財団事件等の最高裁判決後、学校施設開放員（八王子市事件・東京都労委平24・1・10労旬1764号64頁）についても認められています。

◎コラム

臨時・非常勤職員の現状を変えるために

　住民に対する行政サービスの最前線で働いている臨時・非常勤職員労働条件が正規職員と比べて著しく劣悪であることはQ84で述べたとおりです。それどころか、職場によっては、労基法違反すらまかり通っていることもあります。年次有給休暇等に関する設問（Q89）を設けたのは、現実に、そのような職場が少なからずあるからです。

　こうした現状を変えていくには、臨時・非常勤職員が労働組合に結集し、活動することが大切です。

　明らかな法律違反は、労働組合が使用者に指摘するだけで解消できることもありますし、目にみえる賃金労働条件の向上を獲得できることもあります。

　また、臨時・非常勤職員の場合、更新拒絶による雇止めの危険がつきまといますが、これも労働組合が自治体当局と団体交渉をすることで、雇止めを未然にくい止めたり、撤回させている例は、数多く存在します。

　Q86で触れた中野区事件では、雇止めされた特別職非常勤の4名の保育士が、最終的には全員中野区の職場に復帰することができました。こうした全面的な勝利解決ができたのは、保育士たちが裁判で争うだけでなく（この事件の東京高裁判決は非正規公務員の雇止め事件としては最高レベルの慰謝料を勝ち取ることができたのですが）、労働組合に団結して労委のたたかいを進め、さらには全国の労働組合の支援を得たからでした。

　ところで、臨時・非常勤職員の劣悪な処遇は正規職員の勤務条件も低下させていきます。臨時・非常勤職員の問題は、正規職員の労働組合にとっても、自らに関わる重要な問題なのです。正規職員の労働組合に臨時・非常勤のたたかいへの支援が求められるゆえんです。

事項索引

あ

ILO ……… 88, 94, 153, 154, 158, 166, 169, 180
あっせん ……………………… 63, 112, 113, 189
安全配慮義務 ………………………… 113, 148
育児休業 ………………………………… 90, 204
育児短時間勤務制度 ……………………………… 91
意見具申権 ……………………………………… 45
移行型地方独法 ………………………………… 66
いじめ ……………………………………… 124, 149
石綿（アスベスト）…………………………… 144
一部事務組合等の解散 ………………………… 16
一般職非常勤職員 ……………… 194, 196, 208
一般地方独法（職員）………………………… 1, 66
一般的拘束力 ………………………………… 168
飲酒運転 ………………………………… 38, 43
インターネットによる選挙運動 ……… 105
営利企業等の従事制限 ………………………… 48

か

介護休暇 ………………………………… 92, 205
解職請求 ………………………………………… 102
過失相殺 ………………………………… 127, 149
家族的責任 ……………………………… 52, 88
家族的責任条約 ………………………… 88, 94
過労死 ………………………………………… 140
過労自殺 ……………………………………… 140
勧奨退職 ………………………………………… 12
管理運営事項 ……………… 114, 164, 176, 179
管理監督者 …………………………………… 156
管理職員 ……………………………………… 156
管理職組合 …………………………………… 156
基金 ……………………………………… 134, 136
起訴休職 ……………………………………… 131
基礎疾患 ……………………………………… 140
規範の効力 …………………………………… 168
希望降任制度 …………………………………… 25
期末手当 ……………………………………… 202
義務付けの訴え ……………………………… 198
義務的団交事項 …………………… 164, 176, 179
休暇専従 ……………………………………… 180
休日 ………………………………… 71, 78, 80
休日勤務手当 …………………………………… 78
休職 ………………………… 22, 28, 84, 131, 180
給与条例主義 ……………… 58, 62, 64, 160, 203
求償請求 ……………………………………… 127
行政財産 ………………………………… 175, 176
均等待遇 ……………………………………… 200
勤務時間 ……………………………………… 70
勤務実績 ………………………………… 26, 29
勤務条件条例主義 …… 58, 70, 153, 160, 203
組合休暇 ……………………………………… 183
組合掲示板 …………………………………… 174
組合事務所 …………………………………… 174
組合事務所使用料 …………………………… 176
訓告 …………………………………………… 32
頸肩腕 ………………………………………… 142
継続勤務 ……………………………………… 204
経理上の援助 ………………………………… 178
欠格事由 ………………………………………… 9
減給 …………………………………………… 34
現業 ……… 1, 59, 112, 114, 116, 163, 168, 208
研修 …………………………………………… 55
公益通報者保護法 …………………………… 40

公益的法人 …………………………… 55
公企 …… 1, 59, 112, 114, 116, 163, 168, 208
公権力の行使 ………………………… 126
公正の原則 ………………………… 21, 36
交通事故 ……………………………… 130
降任 …………………………… 8, 24, 50, 60
公平委員会（公平委）……… 114, 116, 156
公務員賠償責任保険 ………………… 127
公務員バッシング ………… 22, 33, 62, 176
公務起因性 …………………………… 135
公務災害 …………………… 28, 123, 124, 134
公務遂行性 …………………………… 135
告知・聴聞 ……………………… 23, 33, 36
国民投票 ……………………………… 108
個別労働関係紛争解決制度 ………… 113
混合組合 ……………………… 189, 190, 209

さ

財政民主主義 …………………… 153, 160
在籍専従 ……………… 155, 174, 180, 182
再任用 ………………………………… 14
債務の効力 …………………………… 168
採用 …………………………………… 8
裁量権の濫用 ………… 22, 24, 27, 32, 51
産前・産後休暇 ……………………… 96
三六協定 ……………………………… 72
時間外勤務手当 ……………………… 78
時間内組合活動 ………………… 174, 182
時季変更権 …………………………… 83
指揮命令 ……………………………… 76
時差出勤 ……………………………… 74
自主組織 ……………………………… 159
施設管理権 …………………………… 184
市町村合併 ……………………… 16, 67
失職 …………………………………… 130
指定管理者 ……………………… 30, 172
私的メール …………………………… 120

支部審査会 …………………………… 136
社会保険 ……………………………… 206
週休日 …………………………… 71, 78, 80
就業規則 …………………………… 59, 64
就業規則不利益変更 ……………… 64, 67
重大かつ明白な瑕疵 ………………… 44
住民投票 ……………………………… 106
出向 …………………………………… 54
受任者 ………………………………… 103
守秘義務 ……………………………… 187
昇給 …………………………………… 114
昇給延伸 ………………………… 61, 164
常勤的非常勤職員 …………………… 138
常勤的臨時・非常勤職員 ………… 203
常勤の職員 …………………………… 196
条件附採用 ………………… 10, 114, 116
使用者批判 …………………………… 186
情勢適応原則 ………………………… 8
昇任 …………………………………… 8, 60
昇任差別 ……………………………… 189
上部団体 ………………………… 154, 181
消防職員 ………………………… 77, 158
消防職員委員会 ……………………… 158
消滅時効 ……………………………… 79
条約制定の直接請求 ………………… 102
職員基本条例 …………………… 22, 33
職員団体
…… 58, 152, 154, 156, 160, 168, 180, 208
職員団体登録→登録制度
職場環境配慮義務 …………………… 122
職務専念義務 ………… 46, 48, 180, 182
職務専念義務の免除（職免）……… 182
職務命令 …………………………… 34, 44
職免条例 ……………………………… 182
所持品検査 …………………………… 120
女性差別撤廃条約 …………………… 94
書面協定 …………………… 152, 168, 178

審査会 … 136
審査請求 …… 20, 23, 33, 112, 116, 136, 189
審査請求前置主義 ………… 23, 33, 42, 117
人事委員会（人事委）…… 62, 114, 116, 156
人事委勧告 …… 63
人事評価 …… 60
心身の故障 …… 28
信用失墜行為 …… 48, 186
成果主義 …… 60
政治活動 …… 100, 108
誠実交渉義務 …… 162
成績主義（メリットシステム）… 8, 20, 26
整理解雇4要件 …… 30
生理休暇 …… 96
セクシュアル・ハラスメント（セクハラ）
　…… 36, 122
全額払の原則 …… 178
選挙運動 …… 104
全体の奉仕者 …… 153
争議行為 …… 152
相当因果関係 …… 137
組織内部行為 …… 105
措置要求 …… 61, 112, 114, 189
損益相殺 …… 149
損害賠償
　…… 123, 125, 126, 128, 148, 163, 199, 200

た

代休 …… 80
第三セクター …… 55
代償措置 …… 62, 112, 153
退職手当 …… 42, 130, 202
退職手当支給制限処分 …… 42
退職届の撤回 …… 12
試し出勤 …… 85
短期介護休暇 …… 92
団結承認義務 …… 174

男女差別 …… 94
団体協約→労働協約
団体交渉権 …… 152, 160, 162
団体交渉の公開 …… 167
団体的労使関係事項 …… 165
チェックオフ …… 174, 178
地方公務員災害補償基金（基金）…… 134
地方独立行政法人（地方独法）…… 66
中立保持義務 …… 170
懲戒処分 …… 20, 32, 116, 130, 184, 186
懲戒処分の指針 …… 32, 35
懲戒免職 …… 36, 38, 40, 42
超過勤務手当 …… 78
庁舎管理 …… 175, 184
適格性 …… 11, 26, 29
転籍 …… 54
転任 …… 8, 25, 50, 52
登録制度 …… 154, 157, 180, 191
特殊勤務手当 …… 65
特殊公務災害 …… 146
特定地方独法（職員）…… 1, 66
特定法人 …… 55
特別職非常勤（職員）
　…… 1, 112, 168, 188, 194, 196, 203, 208
特例条例 …… 131
ドライヤー報告 …… 154, 166, 169
取消訴訟 …… 23, 33, 115, 117, 136

な

内部告発 …… 40
ながら条例 …… 183
妊産婦保護 …… 97
認定基準 …… 135
任用 …… 8
年次有給休暇（年休）…… 82, 204

は

賠償責任の減免 …………………… 128
廃職・過員 ………………………… 30
配置転換努力義務 ………………… 31
派遣 ………………………………… 54
派遣職員 …………………………… 54
パソコン検査 ……………………… 120
パワー・ハラスメント（パワハラ）… 124
非現業 …………… 1, 112, 114, 116, 152, 208
非常勤の職員 ……………………… 196
病気休暇 …………………………… 84
病気休職 ………………………… 28, 84
平等取扱義務 ……………………… 170
平等取扱原則 ……………………… 8
復職 …………………………… 28, 85
不当労働行為
　………… 174, 176, 178, 188, 190, 199
部分休業 ……………………… 91, 205
プライバシー ……………………… 120
不利益処分 …… 20, 32, 36, 42, 50, 52, 116
振替休日 …………………………… 80
分限 ………………………………… 60
分限（免職）処分 … 11, 20, 22, 26, 28, 30
便宜供与 …………………………… 174
変形労働時間制 …………………… 74
法定休日 …………………………… 80
母性保護 …………………………… 96

ま

マタニティ・ハラスメント（マタハラ）
　…………………………………… 97

み

身分保障 ……………………… 20, 116
民間委託 ……………………… 30, 165
黙示の指示 ………………………… 76
目的外使用許可 ………………… 175, 176

や

雇止め ………………………… 195, 198
予算 ………………………………… 78

ら

猟官制（スポイルズシステム） ……… 20
両立支援 …………………………… 88
臨時・非常勤（職員） …… 138, 147, 194
臨時職員 ………… 114, 116, 194, 196, 208
臨時の必要 ………………………… 73
労基法上の労働者 ………………… 210
労使慣行 ……………………… 174, 176
労組法上の使用者 ………………… 172
労組法上の労働者 ………………… 211
労働委員会（労委） …… 112, 188, 190
労働基本権 ………………………… 152
労働協約 ………… 59, 63, 67, 152, 168
労働時間 …………………………… 76
労働審判 …………………………… 113

わ

割増賃金 …………………………… 72

自治体職員の働く権利Q&A

2016年4月20日　第1版第1刷発行

編集代表	中尾　誠・渥美雅康・城塚健之	
編　　者	自治労連全国弁護団	
発 行 者	串崎　浩	
発 行 所	株式会社日本評論社	

〒170-8474　東京都豊島区南大塚3-12-4
電話　03-3987-8621（販売）　-8592（編集）
FAX　03-3987-8590（販売）　-8596（編集）
振替　00100-3-16　http://www.nippyo.co.jp/

印 刷 所	平文社
製 本 所	松岳社
装　　幀	銀山宏子

ISBN 978-4-535-52167-4　　Printed in Japan

JCOPY　〈(社)出版者著作権管理機構　委託出版物〉
本書の無断複写は著作権法上での例外を除き禁じられています。複写される場合は、そのつど事前に、(社)出版者著作権管理機構（電話03-3513-6969、FAX03-3513-6979、e-mail: info@jcopy.or.jp）の許諾を得てください。また、本書を代行業者等の第三者に依頼してスキャニング等の行為によりデジタル化することは、個人の家庭内の利用であっても、一切認められておりません。

Problems of Local Autonomy Series
自治問題研究叢書 **PLAS**

住民参加のシステム改革
――自治と民主主義のリニューアル

室井 力／編　榊原秀訓／編集委員

住民参加の理論・政策・方法について、比較法的研究や制度運用実態も踏まえて現状を分析し、問題点の指摘、あるべき姿や課題を明らかにする。いま求められている民主的システム改革の必要性を説く。　◎A5判　本体2100円＋税

行政民間化の公共性分析

三橋良士明・榊原秀訓／編著

民間企業の手法を導入するNPM手法や民間企業・NPOとのパートナーシップなどが進行している自治体行政運営のあり方など、行政民間化を基軸とする「構造改革」を、住民の視点から多角的に分析する。　◎A5判　本体2200円＋税

「地域主権」と国家・自治体の再編
――現代道州制論批判

渡名喜庸安・行方久生・晴山一穂／編著

自公政権の道州制論から民主党政権の地域主権論へとつづく国家・自治体の再編問題。その問題性を行政法・行政学の見地から検証する。
◎A5判　本体2200円＋税

自治体行政システムの転換と法
――地域主権改革から再度の地方分権改革へ

三橋良士明・村上 博・榊原秀訓／編

約20年にわたる「地方分権改革」において生じた自治体行政システムの多層的な転換を、総合的かつ主要行政領域において具体的に分析し、その評価を示す。
◎A5判　本体2500円＋税

別冊**法学**セミナー
新基本法コンメンタール
地方公務員法

晴山一穂・西谷 敏／編

2014(平成26)年の地方公務員法、行政不服審査法、行政手続法の改正等を踏まえて解説。地方公務員必携、待望の1冊。
◎B5判　本体3200円＋税

日本評論社 http://www.nippyo.co.jp/